KLARTEXT

Die Reihe extraRuhr

Analoges Lesevergnügen mit digitalem Mehrwert

Die Buchreihe **extraRuhr** bieten Ihnen analoges Lesevergnügen mit digitalem Mehrwert. Alle Bücher dieser Reihe beschäftigen sich mit interessanten Orten, besuchenswerten Einrichtungen und sehenswerten Dingen. Auf der Website www.extraruhr.de gibt es mehr Informationen und Service dazu. Mit GPS-Daten zum Beispiel - oder mit den kompletten Navi-Routen der Bücher als Download. Zu einigen extraRuhr-Titeln gibt es auch eine App.

Erfahren Sie mehr dazu auf **www.extraruhr.de**

Smartbook – Ruhrgebiet für Fortgeschrittene

Wolfgang Berke

1. Auflage 2012

ISBN: 978-3-8375-0558-0

Gestaltung: medienbüro -ruhr-

Druck und Bindung: B.o.s.s Druck und Medien GmbH, Goch

Wolfgang Berke

Smartbook

Ruhrgebiet für Fortgeschrittene

KLARTEXT

Fotos und Abbildungen:

Benito Barajas: Seite 42
Mathias Bigge (Mbdortmund/Wikipedia): Seite 147
Presse- und Informationsamt Bochum: Seite 189
Andrea Deckers, Hamburg: Seite 141
Stadtarchiv Dortmund: Seite 76/77
Stefan Eickershof/WAZ FotoPool: Seite 93, S. 94
Galerist (Wikipedia): Seite 86
Institut für Stadtgeschichte Gelsenkirchen: Seite 79
Rainer Halama (Wikimedia): Seite 181
Benjamin Hahn: Seite 148 (links)
Jens Hauer: Seite 34/35, S. 36
Thomas Herrmann/Lichtburg: Seite 37
Herzog & de Meuron (Grafik): S. 158
Freda Heyden: Seite 99
Uwe Hirschmann: Seite 64
International Historical Press Photo Collection
des Schwedischen Fernsehens AB, Stockholm: Seite 109
Historisches Bildarchiv Krupp: Seite 116, S. 117
Peter Malzbender/WAZ FotoPool: Seite 92
Montanhistorisches Dokumentationszentrum beim Deutschen
Bergbau-Museum 020800007010 (mit frdl. Genehmigung
des Imperial War Museum, London): Seite 106
Wolfgang Quickels: Seite 183
Tim Reckmann (Wikipedia): Seite 177
Fotoarchiv Ruhrmuseum/Peter Kleu: Seite 107
Markus Schweiß (Wikipedia): S. 175
Frank Täsler/dpa: Seite 100
Armin Thiemer/WAZ FotoPool: Seite 104
Manfred Vollmer: Seite 6, S. 8/9, S. 19, S. 24/25, S. 38, S. 41, S. 58/59,
S. 62, S. 63, S. 66, S. 67, S. 70, S. 72, S. 73, S. 74, S. 78, S. 110/111,
S. 113, S. 133
Roland Weihrauch/dpa: Seite 101
Thomas Winkler: Seite 115
Postkartensammlung Stadtarchiv Witten: Seite 103
Friedhelm Zingler/WAZ FotoPool: Seite 90/91
Wolfgang Berke: alle übrigen Abbildungen und Fotos

Inhalt

Köpfe in der Kiste. Wo gibt es denn so etwas?
Lesen Sie dieses Buch. Am Ende sind Sie schlauer!

Ein Smartbook? Was soll *das* denn?

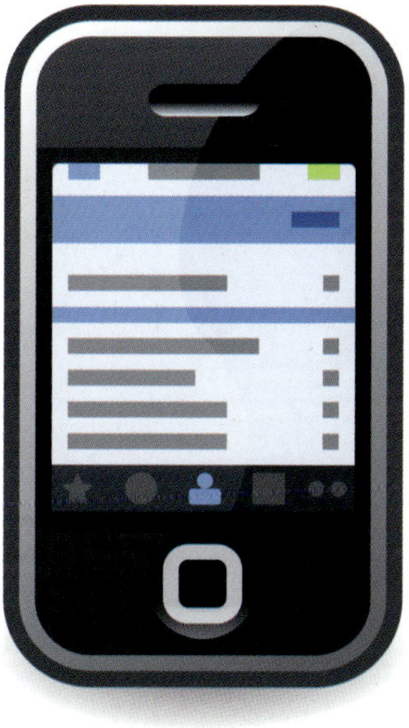

Wir leben in einer Welt, in der vieles *„smart“* ist. Oder sich so nennt. Das kann ein Auto sein oder ein Mobiltelefon. Manche Lösungen sind *smart* (oder behaupten es von sich) und Technologien sowieso. Es gibt Schokolinsen mit buntem Zuckerüberzug, die seit 75 Jahren das *Smart* im Namen tragen. Und es gibt Firmen, die damit drohen, den ganzen Planeten *smarter* machen zu wollen. Die Zeit scheint reif für ein *smartes Buch*.

Aber: Was verbirgt sich eigentlich hinter dem Begriff? Duden und Wiki sind sich ziemlich einig: *Smart* steht für *geschickt, pfiffig, clever, findig* und *gewitzt*. Kann aber auch auf *Eleganz* und *erlesenen Geschmack* hinweisen.

Zerlegen wir doch mal ein Smartphone in seine Aufgabenbereiche: Wenn es was taugt, kann es informieren, zu einem Ziel führen, unterhalten. Man kann damit spielen und lernen, Spaß haben oder erinnert werden. Man soll sogar damit telefonieren können.

Dieses Smartbook ist ganz ähnlich gestrickt. Es liefert Informationen und die Bilder dazu. Es weiß eine Menge. Wichtiges und Unnützes. Spaßiges und Trauriges. Kurioses und Erschreckendes. Ausgefallenes und Spannendes. Und es navigiert Sie durch ein Ruhrgebiet voller Einmaligkeiten. Nur zum Telefonieren oder Simsen taugt es nicht.

Hier geht es um 185 Dinge und Ereignisse, die in handelsüblichen Reiseführern oder Kompendien gar nicht – oder nur am Rande vorkommen. Perlen, die im Verborgenen schimmern. Geschichten, die nur die Einheimischen kennen. Ärgernisse, über die ein Mäntelchen des Vertuschens gelegt wurde. Schicksale, die heute noch genauso bewegen wie einst.

Dieses Buch ist Zeitreise und Momentaufnahme. Geschichtensammlung und Nachschlagewerk. Unterhaltungslektüre und Reiseführer. Smart und vielseitig. Willkommen im Ruhrgebiet!

Bridges To Babylon

Es gibt exakt sieben gute Gründe, hierzulande eine Brücke zu bauen: zum einen über Flüsse, von denen das Ruhrgebiet förmlich umzingelt ist (siehe unten), oder über Täler, der Bequemlichkeit halber. Soviel zu den natürlichen Notwendigkeiten. Macht: zwei Gründe.

Rheinbrücke A 42, Blick auf Duisburg-Bruckhausen

Die restlichen Gründe sind eigentlich nur Reaktionen auf das, was der Mensch in wenigen Jahrzehnten zur allgemeinen Beschäftigung und Belustigung hier so hingestellt hat.

Also gibt es auch Brücken über Kanäle (Grund 3) und über Straßen (Nr. 4) hinweg. Und über Eisenbahngleise (Grund 5). Selbige wurden wiederum auch auf Brücken verlegt, um ihrerseits ebenfalls Straßen, Gleis, Wasser oder Luft zu überbrücken.

Wurde immer gerne gebaut: Bahn über Kanal. Straße über Bahn. Bisschen eng, aber passt. Meistens.

Mit zunehmender Verdichtung des Ruhrgebiets musste noch die eine oder andere Brücke gebaut werden, damit die Menschen über wuchernde Fabriken und Zechen rüberkamen (Grund 6). Und last not least gibt es im Ruhrgebiet die Brücke über die Brücke. Also: Straße über Eisenbahn über Autobahn etwa. Oder Eisenbahn über Straße über Kanal.

Selbstverständlich dürfen neben den klassischen sieben Brücken auch die Sonderformen nicht fehlen. So führt auch schon mal eine Fabrik über eine Straße hinweg. Oder ein Kanal über einen Fluss. Fußgänger überqueren Fahrradfahrer. Und Autos Kröten im Tunnel. Aber: Konzentrieren wir uns aufs Wesentliche. Wer zu uns will, muss über eine Brücke kommen. Schließlich ist das zentrale Ruhrgebiet nahezu vollständig von Wasser umspült. Ruhr, Rhein, Emscher und Lippe sowie die diversen Kanäle lassen nur eine kleine Lücke bei Dortmund, wo man keine Brücke braucht, um zum Kern des Reviers vorzudringen.

Es gibt hunderte von Brücken im Ruhrgebiet. Ach was, tausende! Alleine Duisburg hat schon mehr Brücken als Venedig. Behaupten zumindest die Duisburger. Da bislang noch kein Venezianer dagegen Protest eingelegt hat, scheinen die Duisburger mit ihren etwa 650 Brücken wohl tatsächlich die Nase vorn zu haben. Aber auch in anderen Städten des Ruhrgebiets gibt es Brücken en masse. Hier sind die bemerkenswertesten.

Erzbahnschwinge, über Gahlensche Straße, Bochum-Hamme

Erzbahnschwinge

Radeln auf Ebene 3

Die sanft und frei schwingende, an zwei Pylonen aufgehängte Fußgänger- und Radfahrerbrücke gehört zu den sehenswertesten Bauten des neuen Ruhrgebiets. Mit ihr beginnt ein Radweg, der sich auf der ehemaligen Trasse einer Erzbahn vom Westpark, dem ehemaligen Gelände des Bochumer Vereins, bis zum Rhein-Herne-Kanal erstreckt.

Die Erzbahnschwinge ist ein kompletter Brückenneubau, der 2003 an die Stelle einer ehemaligen Eisenbahnbrücke über eine Eisenbahnbrücke über die Gahlensche Straße trat (die alten Widerlager sind heute noch neben der Erzbahnschwinge zu sehen). Ihren beschwingten Namen erhielt die Brücke 2004 im Rahmen eines Wettbewerbes.

Da die Erzbahn erst sehr spät gebaut wurde (in drei Etappen zwischen 1901 und 1930), musste sie über alle bereits bestehenden Straßen und Bahnlinien hinweg geführt werden. Neben der Trassierung auf einem bis zu 15 Meter hohen Damm war auch der Bau etlicher Brücken notwendig. Viele dieser alten Brücken sind für die Nutzbarmachung der Erzbahntrasse als Freizeitweg aufwändig saniert und umgebaut worden.

Pontonbrücke, Auf dem Stade, Bochum-Dahlhausen,
bzw. Auf dem Stade, Hattingen-Niederwenigern

Pontonbrücke Dahlhausen

Die letzte schwimmende Straßenbrücke Deutschlands

Wie sie sich da unspektakulär und flach über die Ruhr wölbt, macht sie wenig Eindruck. Und doch ist sie die einzige ihrer Art in Deutschland. Oder besser: die einzig übrig gebliebene schwimmende Straßenbrücke Deutschlands. Normalerweise sind Schwimmbrücken nur Behelfskonstruktionen, die von Streitkräften oder Katastrophenhelfern mal eben kurz über ein Gewässer gelegt werden. Solange, bis dort eine „anständige“, sprich feste Brücke hinkommt. Was aber in Dahlhausen nie passiert ist.

Nachdem an dieser Stelle, an dem alten Weg von Dahlhausen (heute Bochum) nach Altendorf (heute Essen), ein Fährmann seine letzte Überfahrt machte, durfte die Witwe des Gastwirts Eggemann dortselbst 1899 eine private Brücke errichten. Nicht etwa zum Wohle der Allgemeinheit, sondern in erster Linie zu ihrem eigenen Wohl. Schließlich hatte die Witwe die Genehmigung, für jede Ruhrüberquerung fünf Pfennig zu kassieren. Besitzverhältnisse und Mautstation mit Kassenhäuschen und Schranke auf Altendorfer Seite brachten der auf Pontons ruhenden Brücke wahlweise die Namen *Eggemannsche Schwimmbrücke* bzw. *Fünf-Pfennigs-Brücke* ein.

Nach erheblichen Beschädigungen im Zweiten Weltkrieg wurde die Brücke zunächst provisorisch, 1959 dann endgültig und etwa 50 Meter weiter flussab wieder aufgebaut. Diesmal nicht privat und auch nicht mit Maut und Kassenhäuschen. Aber wie gehabt als schwimmende Pontonkonstruktion. So blieb sie denn bis zum heutigen Tag – als Anachronismus und nicht unbedingt immer zur Freude der Nutzer. Da sie nur einspurig befahren werden kann, regeln Ampeln den Verkehr, der zudem auch noch durch eine häufig geschlossene Bahnschranke blockiert wird.

Gar nichts mehr geht bei Hochwasser: Da die Pontons immer oben schwimmen wollen, drücken sie die Brücke bei steigendem Pegel in die Höhe. Bevor sich die Fahrbahn aber ins Dramatische wölbt, wird die Brücke gesperrt. Umweg: 13 km.

Mintarder Ruhrtalbrücke

Mächtige Einflugschneise ins Ruhrgebiet

Mit ihren 1.800 Metern ist sie noch nicht einmal die längste Brücke des Ruhrgebiets, die Berliner Brücke in Duisburg ist schließlich 24 Meter länger. Aber die Mintarder Brücke, auch bekannt als *Ruhrtalbrücke*, ist ohne Frage die eindrucksvollste des Ruhrgebiets. In über 60 Metern Höhe hat sich der rauschende Verkehr der A 52 optisch und akustisch von der Welt unter ihm abgekoppelt. Spaziergänger und Radfahrer genießen das ruhige Ruhrtal und schauen höchstens mal ehrfürchtig rauf zum imposanten Gebrück. Und das liebe Vieh (Pferd, Rind und Schaf) hat noch nicht mal einen Blick nach oben übrig.

Obwohl sie – straßentechnisch gesehen – Essen und Ratingen verbindet, liegt die Ruhrtalbrücke komplett auf Mülheimer Stadtgebiet. Was dazu führt, dass alle Negativ-Schlagzeilen der Brücke auch mit Mülheim verknüpft sind. Und das waren nicht gerade wenige: Bereits vor ihrer Fertigstellung forderte sie ihr erstes Todesopfer – ein Bauarbeiter erstickte 1966 im frischen Beton. In der Folgezeit stürzten sich immer wieder Lebensmüde in die Tiefe. Erst nach Dutzenden von Selbstmorden wurden in den 1980er Jahren die Geländer der Brücke durch hohe Zäune ersetzt.

Was zwar die Zahl der Suizide deutlich verringerte, sie aber nicht vollständig unterbinden konnte. Ein besonders tragischer Fall ereignete sich im Juni 2005, als ein Mann aus Essen zuerst seine siebenjährige Tochter von der Brücke warf und dann hinterher sprang. 1994 spielte die Mintarder Brücke auch eine makabere Rolle im Zuge eines Verbrechens: Tagelang hielten Entführer ihr zwölfjähriges Opfer in einem Hohlraum in 60 Metern Höhe unter der Fahrbahn gefangen. Ein Straßenarbeiter entdeckte das Kind bei einem Kontrollgang und konnte es befreien.

Ruhrtalbrücke A 52, Mülheim-Mintard

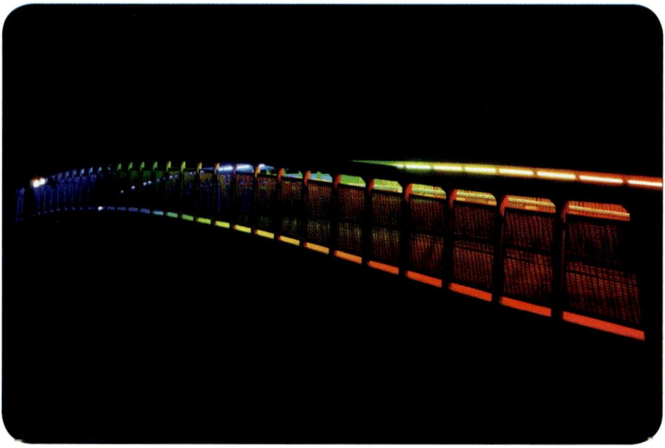

Fußgängerbrücke Herbert-Frommberger-Weg, über: A 40
zwischen Abfahrt Uni und DO-Zentrum, Dortmund-Eichlinghofen

Regenbogenbrücke

Ein Studentenspaß wird Lichtkunst

Tagsüber sieht sie aus wie die meisten Fußgängerbrücken: schlicht und uninteressant. Erst nach Einbruch der Dämmerung entfaltet sich in Dortmund-Dorstfeld ein sehenswertes Licht- und Farbenspiel. Seit 2008 wird der Regenbogen mittels Hunderter von LEDs ganz offiziell über die A 40 gespannt. Fährt man darunter hinweg, kommt Leben in die Brücke, das Licht scheint zu wandern und dabei seine Farbe zu ändern.

Ausgedacht hatten sich das farbige Vergnügen Thomas Haagen, Mike Etienne und Mario de Bellis bereits 1987. Sie bemalten die Plexiglasabdeckungen einer normalen Brückenbeleuchtung in den Farben des Regenbogens. Statt sich über die Kreativität zu freuen, entfernten VEW und Landschaftsverband das Licht wieder. Haagens zweite Version blieb dann dank vieler positiver Berichte erhalten.

2008 wurde die A 40 auf sechs Spuren erweitert und die Brücke abgerissen. In den 1,2 Mio Euro Gesamtkosten für die neue Brücke war leuchtender Ersatz enthalten. Dank moderner Lichttechnik konnte der ursprüngliche Effekt sogar gesteigert werden – diesmal in beiden Fahrtrichtungen zu sehen. Thomas Haagen ist an der aktuellen Version nicht beteiligt. Die für den Neubau Verantwortlichen hielten es nicht für nötig, mit dem Künstler zu sprechen.

Pfeilerbrücke, Erzbahntrasse nahe Ostpreußenstraße, Gelsenkirchen-Bulmke-Hüllen

Pfeilerbrücke

Fahrradtrasse in luftiger Höhe

Die 344 Meter lange Stahlkonstruktion ist die längste und größte der 18 Erzbahn-Brücken. Mit ihr konnte 1918/19 die ursprünglich nur bis zum Schalker Verein reichende Bahnverbindung bis zur Zeche Alma verlängert werden. Wie ihre zahlreichen wesentlich kürzeren Geschwister wurde auch die Pfeilerbrücke Ende der 1960er Jahre nach dem Ende des Bahnverkehrs nicht mehr benötigt.

Lange Zeit stand sie nutzlos in der Gegend herum und drohte langsam zu verfallen. Mit dem Ausbau der Erzbahntrasse zum Rad- und Freizeitweg wurde das sehenswerte Bauwerk im Städtedreieck Gelsenkirchen-Wanne-Eickel-Wattenscheid für sehr viel Geld saniert. Seit 2005 radelt man auf der Pfeilerbrücke in luftiger Höhe über die Güterbahnstrecke Gelsenkirchen-Wanne-Eickel, die Köln-Mindener Eisenbahn und (dazwischen) über freies Feld.

Kanalbrücke Nordsternpark, über Rhein-Herne-Kanal, Gelsenkirchen-Horst

Kanalbrücke Nordsternpark

Zwei Bögen für die Gartenschau

Die Brücke wurde im Zuge der Bundesgartenschau 1997 errichtet und verbindet die durch den Rhein-Herne-Kanal getrennten Teile des ehemaligen Zechengeländes Nordstern. Mit sehenswertem Schwung überspannt ein Doppelbogen den Kanal, Autos muss die filigrane Konstruktion nicht verkraften.

Übrigens gibt es im Nordsternpark noch mehr Brücken: Das spektakuläre Konglomerat aus Brücken, Rampen und Plateaus für Radler und Fußgänger ist bei Einheimischen auch unter dem Namen „Kamener Kreuz für Radfahrer" bekannt.

Brückenknoten am Gasometer

Radler ziehen die Köpfe ein ...

Bei diesem sehenswerten Gemenge handelte es sich ursprünglich um eine Brückenschichtung des Typs *Eisenbahn über Doppel-Eisenbahn über Kanal/Emscher/Auto-*

bahn. Da die beiden mittleren Eisenbahn-Lagen die Gutehoffnungshütte (GHH) mit ihren anderen Betriebsteilen und der Außenwelt verbanden, waren sie nach dem Ende der GHH eigentlich überflüssig. Hätte es nicht neue Nutzer gegeben: diverse Buslinien auf der einen Brücke, Fußgänger und Radler auf der anderen.

Also blieb der Brückenknoten und beeindruckt heute vor allem mit seinem absoluten Alleinstellungsmerkmal: der Brücke durch die Brücke. Weil die Reihenfolge beim Bau der Brücken (von unten nach oben) nicht eingehalten wurde, fehlte irgendwann der Platz nach oben. Also schachtelte man zwei Brücken ineinander. Beim Radeln zieht man unwillkürlich den Kopf ein.

Brückenknoten am Gasometer, über Rhein-Herne-Kanal, Oberhausen, Neue Mitte

Brücke der Solidarität

Besetzt von 50.000 Stahlarbeitern

Eine Brückenbesetzung zu Friedenszeiten hat es in Deutschland nur ein einziges Mal gegeben: am 10. Dezember 1997. In Duisburg. Anlass für diese spektakuläre Aktion war die drohende Schließung des Stahlwerks in Rheinhausen. Das Bild der verzweifelten und entschlossenen Stahlarbeiter ging durch alle Medien, selbst in einen Schimanski-Tatort fand die Aktion Einzug (*Der Pott*, 1989) und Götz George sammelte sogar für die Streikenden.

Im Januar 1988 versammelten sich 50.000 Stahlkocher aus 60 Hüttenwerken auf und an der Brücke, die sie in „Brücke der Solidarität" umtauften. Ein Name, der bald auch offiziell von der Stadt Duisburg übernommen wurde. Gut so. Denn als *Admiral-Graf-Spee-Brücke*, als die sie nach dem Zweiten Weltkrieg wieder erbaut wurde, hätte sie nicht gut in die Neuzeit gepasst.

Brücke der Solidarität, Moerser Straße,
zwischen Duisburg-Rheinhausen und Duisburg-Hochfeld

Viadukt Herdecke

Die schönste aller Ruhrbrücken

Unter allen alten Ruhrbrücken ist der Eisenbahn-Viadukt bei Herdecke sicherlich das schönste und eindrucksvollste Bauwerk. 1879 brauchte es 24.000 Kubikmeter Bruchstein und die geballte Ingenieurskunst der damaligen Zeit, um die 30 Meter hohe und 313 Meter lange Brücke in einem eleganten Schwung über die Ruhr zu führen. Und es brauchte 66 Jahre später nur wenige Sekunden, um das Wahrzeichen Herdeckes in Schutt und Asche zu legen. Als 1943 die englische Luftwaffe die Möhnetalsperre zerstörte, riss die gigantische Flutwelle im Ruhrtal Brücken und Häuser mit und tausende von Menschen in den Tod.

Der Ruhrviadukt aber blieb stehen, nur ein Pfeiler wurde weggerissen. Zwei Jahre später leistete die deutsche Wehrmacht dann ganze Arbeit, als sie die Brücke angesichts des heran rückenden Feindes sprengte. In den 1950er Jahren wurde die Brücke rekonstruiert und wieder aufgebaut.

Auch nach mehr als 130 Jahren ist der Viadukt noch kein Museumsstück, schließlich fährt täglich die Volmetalbahn auf ihrem Weg von und nach Hagen drüber. Die Brücke ist auch von oben ein Erlebnis.

Eisenbahnviadukt Herdecke, über Ruhr, nahe Seeweg, Herdecke

Sinusbrücke, Ripshorster Straße, früher: Essen-Dellwig, heute: Oberhausen-Borbeck

Sinusbrücke (Ripshorster Brücke)

Mal eben kurz die Stadt gewechselt ...

Früher gehörte die Ripshorster Brücke in die Rubrik *Zwar-nicht-kurz-aber-trotzdem-uninteressant*. Eine Brücke, die über Eisenbahnlinien und ehemaliges Industriegelände führte. Bis sie so baufällig wurde, dass man sie 2004 sperren musste. Die Brücke gehörte zu Essen, war aber für Essen und deren Bürger ziemlich nutzlos. Umso wichtiger war sie für den Oberhausener Stadtteil Borbeck, deren Bürger sie brauchten, um aus ihrer Enklave nach Süden zu kommen.

Da die Essener aber die Brücke mittellos und mitleidslos verrotten ließen, machten beide Städte im Jahr 2006 einen kuriosen Deal: 60.000 Quadratmeter Stadtfläche wechselten den Besitzer: Jetzt stand die Brücke auf Oberhausener Grund, womit dann diejenigen die Kosten übernehmen konnten, die diese Brücke brauchten. Da sich die Sanierung der alten Brücke nicht mehr lohnte, bauten die Oberhausener neu. Jetzt führt eine schmucke Wellenbrücke von Nord nach Süd. Sieht prima aus – und die Borbecker kommen wieder ohne Umweg nach Essen ...

Eine Brücke ähnlichen Namens, die *Ripshorstbrücke*, liegt etwa 800 m nördlich, bringt Fußgänger und Radler in beschwingtem Bogen über den Kanal und ist auch nicht schlecht.

Alte Fahrt Dortmund-Ems-Kanal, nahe Lehmhegge, Olfen

Kanalbrücke Alte Fahrt

Wasser kreuzt Wasser

Die schönste unserer Kanalbrücken steht bei Datteln und dient nicht etwa dazu, trockenen Fußes über den Dortmund-Ems-Kanal zu kommen. Anders herum: Gebaut wurde die Brücke, damit die Schiffe auf der künstlichen Wasserstraße kreuzungsfrei über die Lippe kommen.

Dass ein Kanal mittels einer Brückenkonstruktion über einen Fluss hinüber geführt wird, ist in Deutschland nicht unbedingt eine Seltenheit. Trotzdem kann diese aus dem Jahr 1895 stammende Brücke auch heute noch punkten: Selten wurden Wasser und Wasser stilvoller gekreuzt als auf diesem mittlerweile stillgelegten Arm des Dortmund-Ems-Kanals. In drei mächtigen Sandsteinbögen spannt sich die Brücke mit 21 Metern Länge in 18 Metern Höhe über die Lippe. Drinnen liegt der Brückentrog, 15 Meter breit und 70 Meter lang. Das Wasser darin ist aber nur noch Deko – die *Alte Fahrt* wurde 1937 stillgelegt: zu klein für die modernen Schiffe.

Die „neue Fahrt" des Dortmund-Ems-Kanals brückt übrigens ebenfalls die Lippe. Modern und: langweilig.

„Soda"-Brücke, über Dortmunder Straße, nahe Neuer Hellweg, Castrop-Rauxel-Schwerin

Soda-Brücken

Studienobjekte für Brückenbauer

Soda-Brücken gibt es immer wieder mal auf dieser Welt. Sie stehen einfach *„so da"* – in der Landschaft herum, ohne Anbindung, ohne Funktion. Denn die Straßen oder Bahnlinien, für die sie gedacht waren, wurden nie gebaut. Aber für die Brücke war ja schon mal Geld da.

Zwei schöne Exemplare gibt es auch im Ruhrgebiet. Die Unvollendete in Waltrop etwa, wo irgendwann mal irgend etwas über den Datteln-Hamm-Kanal geplant war. Fundamente, Pfeiler, Lager, Widerlager, alles da – nur die Brücke fehlt (westlich der Kanalbrücke Münsterstraße).

In Castrop-Rauxel wurde die Soda-Brücke vollendet. Fein spannt sie sich über die Dortmunder Straße in Höhe des Neuen Hellwegs. Drüber fahren oder laufen kann man nicht, die Rampen fehlen. Und der tiefere Sinn dieses Bauwerks ebenso. Nützlich ist sie allerdings: Durch die fehlenden Anschüttungen kann man sehr schön die Brückenkonstruktion erkennen. Seit 30 Jahren Anschauungsobjekt für Bauingenieur-Studenten benachbarter Universitäten ...

Liedgut

Jedes Land hat seine Lieder. Und das Ruhrgebiet hat auch ordentlich ein paar davon mitbekommen. Ein paar Städte brachten es zu eigenen Liedern – ob sie das nun wollten oder nicht. Aber auch das Große und Ganze wurde besungen. Von Einheimischen oder von Auswärtigen (Fifty-Fifty). Nur eine richtige Hymne, so eine, bei der man sich mit der rechten Hand ans Herz fasst, inbrünstig mitsingt und den Tränen des Stolzes ganz nah ist

Knappenchor in der ehemaligen Zeche Nordstern, Gelsenkirchen-Horst

– so eine Hymne ist in all den Jahren nicht geschrieben worden.

Natürlich haben Dutzende von Sangeskünstlern, Musikgruppen und Chorgemeinschaften es immer wieder versucht. Die meist kurzlebigen Ergebnisse dieses Trachtens sollen hier mal außen vor bleiben (sorry, Frank Baier, sorry HERNE 3). Und auch des Fußballs Schlachtgesang, oft mit lokalem Bezug, wird in diesem Kapitel nicht berücksichtigt.

Bleiben aber trotzdem noch genug für ein unterhaltsames halbes Stündchen. Als da wären:

Das Steigerlied

(Glück auf, der Steiger kommt ...)

Autor: *unbekannt*
Worum gehts? *Arbeit und Gefühle von Bergleuten*
Beste Zeile: *„Die Bergleut sind kreuzbrave Leut, denn sie tragen das Leder vor dem Arsch bei der Nacht"*

Wird von vielen für die Nationalhymne des Ruhrgebiets gehalten. Stammt ursprünglich aber aus dem tiefsten Sachsen, wo es bereits im 16. Jahrhundert Bergbau gab. Und so erklingt heute folgerichtig das Bergmannslied nicht nur vor den Heimspielen von Schalke 04 und Rot Weiss Essen, sondern auch vor den Heimspielen von Erzgebirge Aue.

Natürlich wird dieses Lied auch von allen Knappenchören des Ruhrgebiets gesungen. Und in schöner Regelmäßigkeit neu veröffentlicht. Mal klassisch, mal stilistisch völlig neu zubereitet. Größere Verbreitung als im Ruhrgebiet hat das Steigerlied allerdings im Saarland.

Prognose: *Wird man singen, solange es Bergbau gibt.*

Bochum

Interpret: *Herbert Grönemeyer*
Autor: *Herbert Grönemeyer*
Worum gehts? *Eine Stadt im Ruhrgebiet wird als hässlich beschrieben („leider total verbaut"), die man trotzdem irgendwie gern haben muss („ich häng an dir…").*
Beste Zeile: *„Wer wohnt schon in Düsseldorf?"*
Kultfaktor: *riesig*

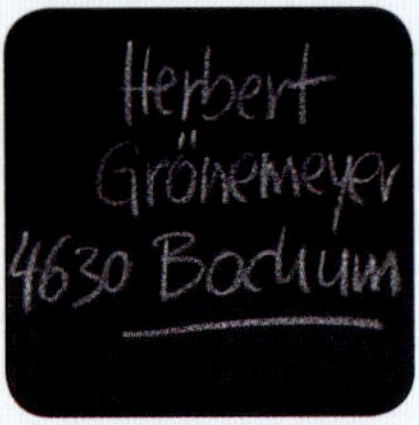

Als Herbert Grönemeyer 1984 eine Langspielplatte mit dem Titel *4630 Bochum* veröffentlichte, lästerte Bochums Szene, dass man mit dem Namen dieser Stadt nun wirklich keinen Hit landen kann. Grönemeyer bewies das Gegenteil, und die graue Maus des Ruhrgebiets war ruckzuck in ganz Deutschland bekannt. Inklusive Postleitzahl.

Seit mehr als 25 Jahren singen auf Grönemeyers Tourneen auch Düsseldorfer, Münchener, Hamburger und Berliner ganz brav: *„Bochum, ich komm aus dir ...“* Public Listening des Liedes mit regelmäßig mehreren Tausend Teilnehmern gibt es alle 14 Tage im Rewirpower-Stadion, wenn der VfL Bochum seine Heimspiele austrägt. Voll Inbrunst mitgesungen: *„Du machst mit dem Doppelpass - jeeeee-den Gegner nass, du und dein Vau eff eLL“*.

Prognose: *Wird auch in 25 Jahren noch so sein.*

Der Mond von Wanne-Eickel

(Un clair de lune à Maubeuge)

Interpreten: *Friedel Hensch und die Cyprys*

Autoren: *Pierre Perrin, Claude Blondy, Ernst Bader*

Worum gehts? *Weltenbummler resümieren ihre Fernreisen und stellen fest, dass der Mondschein nirgends so schön ist wie am Rhein-Herne-Kanal, Höhe Wanne-Eickel.*

Beste Zeile: *„Und jeder staunt ganz ungemein, doch ich sag nein, nein, nein, nein, nein“*

Kultfaktor: *sehr hoch*

Die offiziellen Wanne-Eickeler waren ziemlich stinkig, als 1962 das kleine Spottlied im Tangorhythmus die ehrliche Malocherstadt am Rhein-Herne-Kanal verhohnepiepelte. Zumal in diesen Jahren Qualm und Dreck den Anblick des Mondes zu einem eher seltenen Vergnügen machten.

Die in Hamburg lebende Sängerin Friedel Hensch hatte ihre Karriere schon fast hinter sich, als sie mit einer deutschen Adaption des französischen Gassenhausers *(heute: Megahit)* noch einmal die Hitparaden *(Charts)* und die Musikboxen *(stationäre, meist unhandliche Vorläufer der MP3-Spieler)* stürmte. *„Nichts ist* *so schön, wie der Mond von Wanne-Eickel"*, sang bald die halbe Republik: *„Die ganze Luft, am Kanal von Wanne-Eickel, ist erfüllt von ew'gem Mai ... hmm hmmmm."*

Auch der restliche Text des Liedes war von vorne bis hinten gelogen. Die Stadtväter machten gute Miene zum bitteren Spiel und veröffentlichten schließlich eine eigene Pressung der Schallplatte, als offizielles Geschenk der Stadt an besondere Gäste. Rund 68.000 Wanne-Eickeler können das Lied auch heute noch auswendig. Wird auf der Cranger Kirmes ganz offiziell gesungen. Die Herner bewegen nur die Lippen dazu.

Prognose: *Wird es geben, solange es Wanne-Eickeler gibt.*

Komm zur Ruhr

Autor/Interpret: *Herbert Grönemeyer*
Worum gehts? *Um die Ehrlichkeit und Verlässlichkeit der Menschen im Ruhrgebiet. Oder so („Wo ein Wort ohne Worte zählt, dir das Herz in die Arme fällt").*
Strubbeligste Zeile: *„So weit, so pur, Seelenruhr. Ich mein ja nur, komm zur Ruhr"*
Kultfaktor: *sehr gering*

Schreib doch noch mal so eine Hymne wie *Bochum*, Herbie! Das mögen sich die Auftraggeber für Grönemeyers Kopfgeburt *Komm zur Ruhr* gedacht haben. Und Fritz Pleitgen, ehem, ARD-Intendant und ehem. Geschäftsführer der Ruhr 2010, jubelte gar: „Es ist eine echte Revier-Hymne, die das Zeug hat, nach 25 Jahren ‚Bochum' als Erkennungslied des Ruhrgebiets abzulösen." Wenn er sich da mal nicht heftig geirrt hatte! Zwar stand das bemühte, seltsam emotionslose Lied kurz nach seiner Premiere im dichten Schneetreiben der Kulturhauptstadt-Eröffnungsfeier auf Platz 1 der Charts, verschwand aber kurz darauf im Niemandsland. Lustlos intoniert wurde es dann noch mal zum Day of Song.

Prognose: *Wird man in drei Jahren nicht mehr kennen.*

Oberhausen

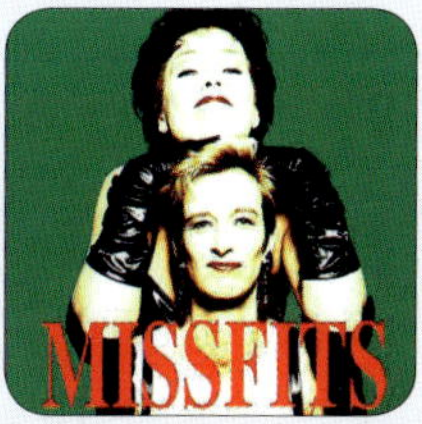

Interpretinnen: *Missfits*
Autor(inn)en: *Manfred Miketta, Gerburg Jahnke, Stephanie Überall*
Worum gehts? *Charmanter Verlierer (Oberhausen) bekommt eine, an sich völlig überflüssige, neue Mitte. Mit allen sich daraus ergebenden Konsequenzen.*
Beste Zeile: *„Früher fuhrs'e nach Venlo, um Kaffee zu kriegen, heute siehse im Centro die Holländer fliegen"*

Die Missfits, ein in den 1990ern überaus populäres Kabarett-Duo aus Oberhausen, machten 2001 mit diesem Lied ihrer Heimatstadt die musikalische Aufwartung. Und wie es sich für ordentliche Kabarettistinnen gehört, auch immer schön mit dem Finger in die Wunden, derer es in Oberhausen einige gibt. Allen ebenso verzweifelten Bürgern dieser Stadt empfehlen sie Oberhausen von seiner schönsten Seite: *„aufm Gasometer im Sturmesbrausen."*

Ruhrgebiet

Interpret/Autor: *Wolfgang Petry*
Worum gehts? *Ein Auswärtiger entdeckt das Ruhrgebiet und fühlt sich bald zugehörig.*
Bedenklichste Textzeile: *„Ihr seid das Ruhrgebiet, die Droge, die mich aufrecht hält"*

Schlagermelodie mit Hardrock-Bratgitarren – Wolle Petry schreckte vor nichts zurück. Auch nicht davor, sich als Kölner bei den Bewohnern des Ruhrgebiets einzuschmeicheln. 1997 war das. Immerhin ist er ehrlich und singt nicht: *„Ich komm aus dir"*. Sondern: *„Ihr seid das Ruhrgebiet"*. Damit die Angesungenen auf Parties mitgrölen können, gibt es das Lied auch als Karaoke-Version.

Komm nach Hagen

Interpreten: *Extrabreit*
Autor: *Wolfgang „Hunter" Jäger*
Worum gehts? *Nachwuchstalenten wird geraten, zwecks Karriere nicht in die Metropolen, sondern in die Provinz (z.B. nach Hagen) zu gehen.*
Beste Zeile: *„Ein Brat-Akkord – und das Sauerland liegt dir zu Füßen, und all die Luxusfrauen werden anfangen, dich zu grüßen"*

1982 lockten die Extrabreiten in die Provinz. Nach Hagen zum Beispiel, wo man ganz prima *„Popstar"* werden und sein *„Glück machen"* könne. Was tatsächlich stimmte, denn aus Hagen kamen zu der Zeit nicht nur die Breiten, sondern auch Grobschnitt oder Nena. Allerdings ließ Hagens Output an Megastars in der Folgezeit rapide nach, sodass *„Komm nach Hagen"* nur noch zu nostalgischen Anlässen gespielt wird.

Dat is Duisburg

Autor/Interpret: *Bandbreite*
Worum gehts? *Eine Stadt im Ruhrgebiet wird als unzulänglich beschrieben („Manche Leute behaupten ja, Duisburg wär' nur hässlich, grau und langweilig. Diesen Leuten möcht' ich eins mit auf den Weg geben: Ihr habt vollkommen recht!").*
Beste Zeile: *„Ja dat is Duisburg – und dat macht auch keinen Sinn"*

Eigentlich sind Die Bandbreite alias Marcel Wojnarowicz (nein, das ist kein Künstlername) und Dj Torben ja von Hause aus Hip-

Hopper und rüden Provokationen nicht abgeneigt. Statt kruder Verschwörungstheorien zum 11. September hier mal eine liebevolle musikalische Umarmung der Heimat, die man mitsingen und -schunkeln kann. Auf Youtube mit Dosenbier und Feinripp-Hemd, aber stets korrekt: *„Düüsbuaccchhh!"* Das Lied ist 2008 erschienen, gilt aber schon bald als inoffizelle Hymne der Stadt. Bekam durch Sauerlands Politik der unsäglichen Fettnäpfe immer wieder neue Aktualität (Adolf Sauerland: Ex-Oberbürgermeister, abberufen).

Das gibt es nur bei uns in Gelsenkirchen

Interpreten: *Georg Kreisler, Topsy Küppers*
Autor: *Georg Kreisler*
Worum gehts? *Alle meist negativen Vorurteile über Gelsenkirchen werden bestätigt. Dennoch empfindet der fiktive Gelsenkirchener seine Heimat allen anderen Städten wie etwa Berlin, Paris oder London überlegen.*
Beste Zeile: *„Und mit heiterem Gesang nimmt man Kohlen in Empfang"*

Was immer auch den Österreicher Georg Kreisler 1958 geritten haben mag, dieses Lied über eine Stadt zu schreiben, in der er weder gewohnt noch gearbeitet hatte, weiß man nicht genau. Vielleicht, weil seine damalige Frau, die Schauspielerin und Sängerin Topsy Küppers, kurz zuvor beim Musiktheater Gelsenkirchen geschasst wurde? Dass er aber drei Jahre später, als der Song auf Schallplatte kam, in Gelsenkirchen ein mittleres Erdbeben auslöste, ist dokumentiert. Selbst der Oberbürgermeister schaltete sich ein und wollte ein Rundfunkverbot für Kreislers Spottgesang erreichen.

Zugegeben, das Lied war keine leichte Kost, wurden doch die Gelsenkirchener als Analphabeten mit geringer Lebenserwartung verspottet. Aber Kreisler hat musikalisch noch ganz andere Sachen gemacht, ohne dass er aus dem Lande gejagt wurde. Nicht nur Tauben vergiften im Park ...

Bottroper Bier

Interpret: *Jürgen von Manger*
Musik: *Udo Jürgens (Griechischer Wein)*
Sub-Text: *H.H. Köper*
Worum gehts? *Auf dem Weg nach Hause noch inner Kneipe versackt und mit dem Atthur schwer ein'n gebechert.*
Kernzeile: *„Bottroper Bier – und dann fängs'e schnell am singen"*

Das Original hieß *Griechischer Wein* und war 1974/75 ein Mega-Hit von Udo Jürgens. Adolf Tegtmeier nahm die Melodie und mangerte ein schleppendes Bottroper Bier drauf. Das ging bei weitem nicht so ab wie der Wein, weshalb der Griechische Rebensaft immer wieder gern besungen wird, der Bottroper Gerstensaft dagegen kaum noch. „In echt" gibt es ihn ja auch schon seit langem nicht mehr. 1968 wurde die einzige Bottroper Brauerei, die Westfalia-Brauerei, dicht gemacht.

Tonio Schiavo

Interpret/Autor: *Franz Josef Degenhardt*
Worum gehts? *Tonio Schiavo malocht in Herne auf dem Bau und sticht einen Polier ab, nachdem dieser ihn beleidigt hat. Die anwesenden Kollegen machen kurzen Prozess und werfen Schiavo in die Tiefe.*

Ganz böse Töne: Ein fiktiver Gastarbeiter aus dem fernen Süden Italiens wird in Herne gelyncht. 1966 schrieb der Hamburger Liedermacher Franz-Josef Degenhardt die bittere Ballade von Tonio Schiavo. *„Geboren, verwachsen im Mezzogiorno – Tonio Schiavo ist abgehau'n. Zog in die Ferne, ins Paradies, und das liegt irgendwo bei Herne"*. Die Stadt fand das damals gar nicht gut und wurde nicht müde zu versichern, dass Herne gewiss kein Ort der Lynchjustiz sei. Ein Paradies aber auch nicht.

Die Mitte des Reviers: Rolandstraße 49, 44651 Herne

Der Mittelpunkt des Ruhrgebiets

Wanne-Eickel ist mal wieder der Nabel der Welt

Die Wanne-Eickeler haben es schon immer gewusst: Ihre Stadt unter dem Mond ist der Mittelpunkt der Welt. Oder mindestens der Mittelpunkt Deutschlands. Auch nicht? Na, dann aber der Mittelpunkt NRWs, jedes Jahr zur Kirmeszeit auf Crange. Und den Rest des Jahres? Jetzt haben es die Wanne-Eickeler „amtlich": Sie sind der Mittelpunkt des Ruhrgebietes. Nicht die Bürger, sondern die Stadt Wanne-Eickel, heute Herne. Allerdings liegt die Mitte nicht am Kanal und auch nicht in Crange, sondern im tiefsten Röhlinghausen. Dort, wo dem Volksmund nach niemand *tot über'm Zaun hängen* möchte.

An besagtem Zaun vor der Rolandstraße 49 hat nun das Stadtmarketing Herne einen kleinen Findling aufstellen lassen mit einer draufgeschraubten Platte, die allen ungläubig Staunenden unmissverständlich erklärt, dass sie exakt hier im Mittelpunkt des Ruhrgebiets stehen. Kein Irrtum möglich? Kein Irrtum möglich, behauptet der Geograf Dr. Wojchiech Smolareck aus Freudenstadt, der mittels GPS-Daten den exakten Punkt ermittelt hat.

Übrigens: Dr. Smolareck stammt aus dem Ruhrgebiet. Aus Röhlinghausen, genauer gesagt. Ein Schelm, wer Böses dabei denkt ...

Höher, schneller, weiter: Rekorde und Einzigartiges

Das Ruhrgebiet ist gewiss nicht arm an Superlativen. Und was gab es in der Vergangenheit nicht alles an Rekorden: Herne als Stadt mit der höchsten Einwohnerdichte Europas. Duisburg mit dem größten Binnenhafen des Kontinents. Wanne-Eickel, die ehemalige Stadt der Züge mit dem größten Güterbahnhof Deutsch-

Dienstältestes Musical: Starlight Express, Bochum (siehe folgende Seite)

lands. Manche Rekorde und Pionierleistungen sind längst Geschichte und vergessen. Andere wiederum haben immer noch Bestand. Wo erstmals eine Stahlglocke in Form gegossen wurde (Bochum) wissen wir ja bereits. Ebenso kennen wir die Herkunft der nahtlosen Eisenbahn-Radreifen (Essen). Aber wo standen die ersten Parkuhren im Ruhrgebiet? Wer hatte die erste offizielle Website in Deutschland? Welches war die erste Pleite-Stadt Deutschlands – und wo stehen die größten Hausnummern der Welt? Dieses Kapitel bringt Sie weiter. Garantiert.

Starlight Express

Das dienstälteste Musical der Welt

Als *Andrew Lloyd Webbers* Musical aus der Welt der Eisenbahnen 1984 in London seine Premiere feierte, hatte wohl selbst sein Schöpfer nicht mit einem derartigen Erfolg gerechnet. Dafür fehlten dem staub- und schweißhaltigen Generationenkonflikt auf Rädern der Glamour und die Hits. Trotzdem lief der Express in seiner Heimat beachtliche 18 Jahre. Das Broadway-Gastspiel war deutlich kürzer: In New York stand Starlight Express nur von 1987 bis 1989 auf dem Programm. In Las Vegas drehten Rusty, Greaseball und Co. von 1993 bis 1997 ihre Runden.

Als das ins Deutsche übersetzte Eisenbahnabenteuer am 12. Juni 1988 in Bochum Premiere hatte, waren Skeptiker, Spötter und Kritiker eindeutig in der Überzahl. Broadway neben dem Ruhrstadion? Niemand glaubte an einen dauerhaften Erfolg. Die Konkurrenz war riesig, bald rollte eine Musicalwelle über das Land. Auch im Ruhrgebiet wurde an allen Ecken gesungen, getanzt und geturnt. Aber erinnert sich noch jemand an *„Joseph"*, *„Les Miserables"* oder *„Elisabeth"*? Starlight Express rollte 2012 in sein 25. Jahr. Herzlichen Glückwunsch zum Silbernen. Und zum Weltrekord!

P.S.: *Cats* schaffte in London immerhin respektable 21 Jahre.

Starlight Express, Stadionring 24, Bochum-Grumme

Lichtburg, Kettwiger Straße 36, Essen-Mitte

Lichtburg Essen

Der größte Kinosaal Deutschlands

Als die Lichtburg 1928 eröffnet wurde, hatte das Vorzeigekino 2.000 gepolsterte Klappstühle. Heute sind es „nur" noch 1.250 Sitzgelegenheiten, die aber deutlich bequemer sein dürften als das Gestühl der Anfangsjahre. Und es reicht immer noch für das Prädikat: größter Kinosaal der Republik. Die Riesen-Kinocenter der letzten Jahrzehnte haben zwar noch mehr Sitzplätze – diese sind aber immer verteilt auf bis zu einem Dutzend Vorführsäle.

Die Essener Burg des Lichtes liegt, wie es sich gehört, am *Burgplatz*. Der hieß aber schon vor dem Bau des Kinos so. Und weil sie nicht nur groß, sondern auch prächtig und liebevoll restauriert ist und über eine Bühne verfügt, darf die Lichtburg auch heute noch zu vielen Filmpremieren einladen. Die Stars kommen gerne!

Veltins-Arena, Kurt-Schumacher-Straße 284 a, Gelsenkirchen-Erle

Veltins-Arena

Die größte „Turnhalle" Europas

Eigentlich ist die Schalke-Arena keine Turnhalle, sondern ein Fußballstadion mit einer Art Cabrio-Dach, das sich innerhalb einer halben Stunde öffnen lässt. Wie in vielen anderen Stadien auch, gibt es auf Schalke auch mal Rockkonzerte und Großveranstaltungen. Überwiegend ist die flexible Arena aber den Leibesübungen vorbehalten, weshalb der Begriff *„Turnhalle"* nicht ganz falsch ist. Und mit mehr als 61.000 Plätzen gehört sie zu den größten ihrer Art. Flexibel wie das Dach über dem Spielfeld ist auch die Zahl der Plätze: Bei internationalen Spielen (Stehplatzverbot) sind es rund 54.000. Bei Grönemeyer und Co. können sich auch bis zu 79.000 Zuschauer ins Stadion drängen, die dank der Finanzkraft einer Sauerländer Brauerei *„Veltins-Arena"* heißt. (Da 2006 bei den WM-Spielen auf Schalke aber anderes Bier ausgeschenkt werden musste, hieß die Arena vorübergehend *„FIFA WM-Stadion Gelsenkirchen"*.)

Nicht nur das Dach bewegt sich auf Knopfdruck hin und her, , auch das Spielfeld ist mobil. So lässt sich zur Regeneration an Frischluft und Sonne der Rasen rein- und rausfahren. Rollrasen, sozusagen ...

Villa Hügel, Hügel 15, Essen-Bredeney

Villa Hügel

Das größte Einfamilienhaus Deutschlands

Eng war es geworden im „Stammsitz" der Familie Krupp, dem ehemaligen Aufseherhaus auf dem Gelände der Kruppschen Gussstahlfabrik (siehe auch Seite 117). Mitte des 19. Jahrhunderts hatte die Firma bereits eine solche Bedeutung erlangt, dass ein eingeschossiges Fachwerkhaus kein repräsentatives Domizil mehr war.

Zunächst wurde an- und ausgebaut, 1873 aber zog die Familie dann vom Werksgelände in ihre neue Behausung, die Alfred Krupp hoch über dem Ruhrtal errichten ließ (der Baldeneysee kam erst später dazu). Als *„Symbol der Macht, die sich in Essen zusammenballt"*, hatte Krupp die Villa Hügel konzipiert. In einem wüsten Stilmix aus Antike, Klassizismus und Renaissance residierte die Familie standesgemäß: in 269 Räumen auf etwa 8.100 Quadratmetern Wohn- und Nutzfläche. Richtig gemütlich war es in der Villa allerdings nicht. Wegen seiner panischen Angst vor Feuer verzichtete Alfred der Große komplett auf Einbau und Verwendung von Holz. Und die scheinbar topmoderne zentrale Klima- und Heizanlage der Villa funktionierte nur unzulänglich.

Nach 1945 wohnten die Krupps woanders und machten aus ihrer Villa eine Edel-Begegnungsstätte mit Kultur und Familienarchiv.

0203 - 02065 - 02066 - 02841 - 02844 - 02151

Die Stadt mit den meisten Vorwahlnummern

Die Kommunalreform 1975 machte es möglich: Plötzlich gab es in NRW Städte, in denen man von Ortsteil zu Ortsteil Ferngespräche führen konnte bzw. musste. Auch mehr als 35 Jahre nach der Neugliederung wächst nicht zusammen, was nicht zusammen gehörte und offenbar immer noch nicht gehört: Bochum (0234) und Wattenscheid (02327) zum Beispiel – oder Herne (02323) und Wanne-Eickel (02325).

In Hagen kann man über zwei Vorwahlen nur lächeln, das „Tor zum Sauerland" hat gleich vier Stück davon: 02331, 02334, 02337 und 02304. Spitzenreiter weit und breit ist allerdings Duisburg mit sage und schreibe sechs Vorwahlen: 0203 für das, was auch vor 1975 Duisburg war. 02065 für Rheinhausen, 02066 für Homberg/Hochheide, 02841 für Baerl, 02844 für Binsheim und 02151 für Rumeln-Kaldenhausen.

Ganz sparsam dagegen sind Duisburgs Nachbarn Oberhausen und Mülheim. Die beiden, immerhin Großstädte, teilen sich eine Vorwahl: 0208. So geht's auch.

www.uni-dortmund.de

Die erste deutsche Website

Die Zeitleiste des Internets ist noch relativ kurz. Hervorgegangen aus dem Arpanet, waren es Anfang der 1980er Jahre weltweit gerade mal 200 Rechner, die das Internet bildeten. Mitten drin und vorn dabei: die Universität Dortmund. Seit 1982 mischte die „Informatik-Rechner-Betriebsgruppe" (IRB) unter Leitung von Rudolf Peter kräftig mit. Als 1986 die ersten Internet-Adressen vergeben wurden, wie wir sie heute kennen, richtete man dazu die DE-NIC am Rechenzentrum der Universität Dortmund ein. Hier bekamen alle Antragsteller nun eine *de*-Adresse. Die erste war: *www.uni-dortmund.de*. Das Internet bestand zu diesem Zeitpunkt aus etwa 3.000 Rechnern. Weltweit.

Es dauerte aber noch weitere zwei Jahre, bis die ersten deutschen Internetanschlüsse in Betrieb genommen werden konnten. Aus der Dortmunder Betriebsgruppe entwickelte sich das

Projekt *EUnet*, ebenfalls unter Leitung von Rudolf Peter. Das Internet war inzwischen auf 300.000 Rechner angewachsen. 1992 wird EUnet privatisiert und zum ersten kommerziellen Internet-Provider in Deutschland. Während die Anzahl der Hosts weltweit bereits die Millionenmarke überschritt, waren es 1993 in Deutschland gerade mal 15 Webserver. Einer von ihnen stand in Dortmund.

Akademie Mont-Cenis, Mont-Cenis-Platz 1, Herne-Sodingen

Akademie Mont-Cenis

Das größte „Gewächshaus" Deutschlands

... steht in Herne. In Sodingen, genauer gesagt. Wo einst die Zeche Mont-Cenis den Himmel verdunkelte, ist heute die Akademie des NRW-Innenministeriums der Sonne zugewandt. Auf einer Grundfläche von ca. 13.500 Quadratmetern und mit einer Höhe von ca. 15 Metern bietet die gläserne Hülle das ganze Jahr über Nizza-Klima. Das freut nicht nur die unter mediterranen Bedingungen prächtig gedeihenden Pflanzen, sondern auch die Besucher der Akademie, die abgekoppelt vom Ruhrgebietsklima ganz entspannt unter Palmen lernen und sich weiterbilden können.

Signal Iduna Park, Strobelallee 50, Dortmund

Signal Iduna Park

Größtes Fußballstadion der Republik

Das größte Fußballstadion steht nicht (wie man vermuten könnte) in München, sondern im Ruhrgebiet. Während der FC Bayern in seiner *Allianz Arena* maximal 69.901 Besucher empfangen kann, passen in Dortmund fast 11.000 Leute mehr ins Stadion. Mehr Fans kann kein Bundesligist um sich versammeln, wenn er zum Heimspiel antritt.

Dabei war die zulässige Kapazität des Dortmunder Stadions zwischenzeitlich sogar noch größer. Im Gegensatz zur Münchener Arena, die 2005 frisch auf einen Acker gesetzt wurde, ist das Dortmunder Stadion über viele Jahre Stück für Stück gewachsen. 1974, als es eingeweiht wurde, löste es das Stadion *Rote Erde* ab und nannte sich *Westfalenstadion*. Sehr preiswert in Paletten-Fertigbauweise errichtet (31,7 Mio DM = 16,3 Mio Euro, das entspricht ungefähr fünf Fahrradbrücken à la Mechtenberg – siehe Seite 44) wurde es mit einem „Benefiz"-Kick von Borussia Dortmund und Schalke 04 eröffnet. Als Benefiz durften die wirtschaftlich angeschlagenen Dortmunder die Eintrittsgelder einsacken, die Schalker im Gegenzug drei Tore schießen.

54.000 Zuschauer passten damals ins Westfalenstadion. Zwischenzeitlich, als Anfang der 1990er etliche Steh- zu Sitzplätzen umgerüstet wurden, sank die Kapazität vorübergehend auf knapp 43.000 Besucher. Weil das aber für die Borussia auch in schlechten Jahren nicht wirklich reichte, wurden nach 1995 in mehreren Schritten die Tribünen aufgestockt. Die Ränge folgten und schließlich wurden die Ecken noch zugebaut: 55.000, 68.600 und im Endausbau 83.000 Zuschauer (2005). Aus *Westfalenstadion* wurde *Signal Iduna Park*. Und die UEFA erklärte die Arena zum Elitestadion mit der Lizenz zum Endspiel.

Von da an ging es in Dortmund wieder runter. Zur Fußball-WM 2006 standen wegen diverser Auflagen nur 81.264 Plätze zur Verfügung. Immer noch zu viel, meinte ein Familienvater, der bei dem Gedränge im Stadion Angst um seinen Nachwuchs hatte. Zusätzliche Freiflächen und Rettungswege mussten geschaffen werden, so dass (Stand 2012) „nur" noch 80.700 Zuschauer in die Schüssel dürfen. Was aber immer noch zum Rekord reicht.

Das allererste Tor im Westfalenstadion hat aber weder ein Borusse noch ein Schalker erzielt, sondern eine Spielerin des TBV Mengede 08. Die damals 17-jährige *Elli Podschwadke*.

Duisburg 1977

Die erste Pleite-Stadt Deutschlands

Am 1. August 1977 zog Duisburg die Notbremse. Mit weit über einer Milliarde Mark Schulden stand die Stadt exakt drei Tage vor dem rechnerischen Konkurs. Kämmerer Wolfram Dumas verfügte den totalen Ausgabestopp. Eine Pleite mit Ansage: Aufgrund wirtschaftlicher Schwierigkeiten der Eisen- und Stahlindustrie sank das Steueraufkommen Duisburgs über Jahre. Was offenbar kein Grund für die SPD-Ratsmehrheit war, ihre ausgabefreudige Politik zu ändern. Und so rutschte Duisburg sehenden Auges in die Pleite.

Kleiner Trost: Die meisten Städte des Ruhrgebiets folgten Duisburg schon bald in die Überschuldung. Und heute? Ist Duisburg immer noch die Nummer 1 beim Schuldenmachen. Aus 2.000 DM Pro-Kopf-Schulden im Jahr 1977 sind inzwischen 6.690 Euro pro Einwohner geworden. Ende 2010 stand Duisburg mit 3,28 Mrd. Euro in der Kreide. Da konnten selbst Städte wie Essen (3 Mrd. Euro, 5.220 Euro pro Kopf) oder Dortmund (2,3 Mrd. Euro, 3.980 Euro pro Kopf) nicht mithalten. Nur Hagen konnte Duisburg noch toppen: mit 7.032 Euro Schulden pro Einwohner. Weil Hagen aber deutlich weniger Einwohner hat, erzielte man diese „Traumquote" mit läppischen 1,3 Mrd. Euro Verbindlichkeiten.

Mechtenberg-Brücke, über Hattinger Straße (B 227), Gelsenkirchen-Ückendorf

Mechtenbergbrücke

Die teuerste Fahrradbrücke Deutschlands

Der *Landschaftspark Mechtenberg* ist ein vom heutigen *Regionalvervand Ruhr* durchgestyltes Stück Grün im Städtedreieck Essen-Gelsenkirchen-Bochum. Das bei Hundefreunden, Joggern und Spaziergängern beliebte Gelände wird von der stark befahrenen B 227 durchschnitten, über die sich seit 2003 eine Brücke spannt, die (ungewöhnlich!) keinen besonderen Namen hat.

Die sehenswerte Konstruktion wirkt filigran und luftig – ist in Wirklichkeit aber ein ordentlicher Brocken: 3.800 laufende Meter Rundstahl werden von 10.000 Schrauben an 1.300 Knotenblechen zusammengehalten: macht respektable 180 Tonnen. Baukosten: 3.800.000 Euro. Damit dürfte die Konstruktion die teuerste Fahrradbrücke Deutschlands sein. Und man darf sich rühmen, im Landschaftspark Mechtenberg eine Konstruktion des weltbekannten Architekten *Frei Otto* stehen zu haben. Jenes Mannes, der z.B. das legendäre Olympiastadion in München entworfen hatte. Aber auch den unterirdischen Bahnhof Stuttgart 21.

30.000 Euro pro Brückenmeter sind heftig. Zumal die Brücke noch nicht einmal wirklich gebraucht wird. Schließlich gibt es

500 Meter weiter südlich bereits seit vielen Jahren eine Brücke über die B 227, über die auch der viel befahrene Radweg zur Zeche Zollverein führt.

Dass die Designer-Brücke wertvoll ist, hatten nun leider auch Diebe erkannt – und das Edelstahlgeländer abgeschraubt.

Dortmund, Clarenberg

Die größten frei stehenden Hausnummern der Welt?

Wer kennt das nicht? Vor allem in der Dämmerung und Dunkelheit fährt man durch fremde Straßen und sucht verzweifelt eine Hausnummer. Winzige, unbeleuchtete Schildchen machen die Suche zur Qual.

Ganz anders am Clarenberg in Dortmund. Hier dürften wohl die größten Hausnummern Deutschlands zu sehen sein. Nicht von der numerischen Größe (also z.B. über 1000), sondern von ihrer Bauhöhe. Unübersehbar und bis zu acht Metern hoch zieren sie die eher schmucklosen Gebäude einer Siebziger-Jahre-Siedlung in Dortmund-Hörde.

Ob es sich bei den Riesenziffern auch um die größten frei stehenden Hausnummern weltweit handelt, wie gelegentlich behauptet wird, kann aber nicht mit Sicherheit ermittelt werden.

Clarenberg, Dortmund-Hörde

Bügeleisenhaus,
Haldenplatz 1,
Hattingen

Bügeleisenhaus Hattingen

Das schmalste Wohngebäude des Ruhrgebiets?

Die Hattinger Altstadt ist ziemlich historisch und äußerst sehenswert. Schon damals, als die ersten Grundsteine für das Fachwerk-Ensemble gelegt wurden, ging es beengt zu innerhalb der Stadtmauern. Inmitten der verwinkelten Gassen und schmalen Häuserzeilen steht das *Bügeleisenhaus,* markant und unübersehbar mit einem trapezförmigen Grundriss und heute Domizil des Heimatvereins Hattingen. Die schmalste Seite des spitz zulaufenden Hauses aus dem Jahr 1611 misst gut 2,50 Meter. Schmaler ist kein anderes Wohnhaus im Revier. Allerdings misst die Rückseite des Bügeleisens acht Meter. Rein rechnerisch hätte das Haus danach eine Durchschnittsbreite von 5,25 Metern.

Ob das zum Rekord reicht? In Dortmund gibt es nämlich ebenfalls ein ausgesprochen schlankes Haus. Bis 2008 stand es, zu drei Seiten frei, angepappt an seinen Nachbarn Rheinlanddamm 6. Inzwischen ist seine ehemals freie Seitenwand mit einem Eckhaus zugebaut worden. Aber auch als „Sandwich" ist es so schmal geblieben wie vorher: 4,50 Meter, vier Stockwerke hoch.

Rheinlanddamm 4,
Dortmund

Ein weiteres bemerkenswertes Gebäude findet sich im Gewerbegebiet Emscherbruch im Süden von Herten. Hier steht ein etwa 19 Meter breites und acht Meter hohes Gebäude. Auf den ersten Blick nichts Besonderes. Auf den zweiten schon. Das Gebäude ist gerade mal einen halben Meter tief. Hinter der Fassade kommt – nichts mehr ...

Hohewardstraße 346, Herten-Süd

Lönsstraße,
Castrop-Rauxel

Parkuhren im Ruhrgebiet

Von der ersten (DU) bis zur letzten (CAS)

Die wichtigsten Parkplätze im Geschäftszentrum wurden erfahrungsgemäß ständig durch Dauerparker belegt. Für den Parkplatz am Buchenbaum wurden 20 Parkzeituhren, sogenannte *Parkographen* beschafft. Mit dieser Maßnahme hat Duisburg als erste Stadt des Bundesgebietes versucht, das Parkproblem zu lösen." So frohlockten die Verfasser des Duisburger Verwaltungsberichtes der Jahre 1953/54.

Die verkehrsregelnden Dukatenesel machten schnell Schule, und bald standen die Uhren (der Begriff *Parkograph* setzte sich nicht durch) in jeder halbwegs ernst zu nehmenden Stadt. Natürlich auch im Ruhrgebiet. Nur Städte, die den Geldbeutel ihrer Besucher und EInwohner schonen wollten, entschieden sich für die kostenlose Parkscheibe.

Der Betrieb der Parkuhren war personalaufwendig (Leerungen, Reparaturen), außerdem konnten sie leicht manipuliert und beschädigt werden. Die Parkscheinautomaten waren es schließlich, die die meisten Parkuhren in Rente schickten. Nur in Castrop-Rauxel hat sich noch ein Dutzend alter Uhren in die Neuzeit gerettet. Am Münsterplatz, an der Lönsstraße sowie an der Dortmunder Straße im Stadtteil Schwerin kann noch nostalgisch geparkt werden.

Abtei Werden

Das älteste Kloster des Ruhrgebiets

Im Jahr 799 wurde der Grundstein des Klosters gelegt. Der aus Utrecht stammende Missionar und spätere Heilige Liudger kam über Friesland und Münster runter an die Ruhr, wo er respektable Flächen Land erwarb und darauf ein sogenanntes Eigenkloster nebst Abteikirche setzte.

In den folgenden Jahrhunderten wuchsen die Besitzungen und der Einfluss des Werdener Klosters, das sich im mittelalterlichen Machtgerangel an der Ruhr und im Bergischen behaupten konnte. Bis 1802 gaben die Benediktiner in der Abtei Werden den Ton an, dann wurde das Kloster säkularisiert. Nur die Abteikirche blieb weiterhin ein Gotteshaus, seit 1993 sogar im Stande einer päpstlichen *„Basilica minor"*.

Nach verschiedenen weltlichen Nutzungen dient die Klostergebäude seit 1945 der *Folkwang Universität der Künste* als Hauptsitz. Die Schatzkammer mit einer Sammlung wertvoller Sakralgegenstände kann heute noch besichtigt werden.

Abtei Werden, Brückstraße 54, Essen-Werden

Straßen-Schilda: Ist da jemand zu Hause?

Man muss den Stadt- und Straßenplanern im Ruhrgebiet zugute halten, dass sie bei der Namensfindung meist ziemlich unter Zeitdruck standen. Das Allerwenigste im Revier hatte sich über viele Jahrhunderte und Jahrzehnte langsam entwickelt. Einer Rathausstraße vielleicht oder einem Kirchplatz gab man ordentlich Zeit zu reifen. Was dann aber mit der Industrialisierung begann, war meistens Hopplahopp. Schnell ein Viertel gebaut, fix zehn Straßen dazu – und im gleichen Tempo vermehrten sich die Zufahrtswege zu den Zechen und Stahlwerken. Da waren schnelle Entscheidungen gefragt.

Die Wilhelms, Friedrichs, Karls und wie sie alle hießen waren bald vergeben. Kaiser, König, Herzog hatten auch schnell ihre Straßen. Dann ging's meist ans Geografische. Stadt-Land-Fluss wurden zur Nachbarschaft. Oder man ließ sich bei der Namensfindung von den neuen Werken und Zechen beflügeln. Von deren Besitzern natürlich auch – und dann kam die örtliche Prominenz dran. Vom Bürgermeister runter zum Amtmann, vom Graf bis zum Bauern.

Hatte eine Ruhrgebietsstadt berühmte Söhne oder Töchter, bekamen die natürlich auch bald eine Straße oder einen Platz. Und wenn dann alles mühselig zugetextet war, tauchte schon wieder eine neue Straße auf. In diesen verzweifelten Situationen entstanden dann Namen, die adresstechnisch für die neuen Bewohner und Benutzer eher eine Strafe waren und sind. Manche Bezeichnungen werden unfreiwillig peinlich. Manche sind stets für einen Lacher gut. Und manche stellen ihre Bewohner sogar vor heftige sprachliche Probleme. Versuchen Sie doch mal mitten in Wanne-Eickel die *Henri-Dunant-Straße* phonetisch korrekt auszusprechen. Sehen Sie! Oder wissen Sie, ohne lange zu überlegen, wie man die *Chattenstraße* (Gelsenkirchen) richtig aufsagt?

Es gibt aber auch merkwürdige Straßenbezeichnungen, die von ganz früher stammen. Hätte man ja mal ändern können. Aber nein ...! Auch davon handeln diese Seiten.

Auf der Leibzucht

Lünen-Süd

Was auf den ersten Blick verdammt ungemütlich klingt (verschärfter Sport – oder gar ordentliche Dresche) entpuppt sich als ziemlich harmlos: Die Leibzucht ist ein Unterhalts- und Wohnrecht auf Lebenszeit für Alt-Bauern bzw. Witwer und Witwen, nachdem sie Haus oder Hof der jüngeren Generation übergeben haben. So steht's im Lexikon und in Lünen steht es eben auf einem Straßenschild. Muss schön sein, da zu wohnen ...

Höschenstraße

Duisburg-Bergheim

Hoppla! Da stolpert man in Duisburg über dieses Straßenschild, falls man im Geiste Hös-chenstraße liest statt Hö-schenstraße. Der Schlüpfer ist aber gar keiner, sondern nur ein Bauernhof, der hier mal stand. An den Hö-schen-hof erinnert heute gar nichts mehr – nur noch das Straßenschild. Auf der Hö-schen-straße herrscht ebenso „tote Hose" wie auf den Nachbarstraßen. Nur der Supermarkt von *Koether und Motzki* stimmt heiter ...

Mafiastraße

Duisburg-Buchholz

Man würde die Mafia eher in anderen Duisburger Stadtteilen vermuten als im halbwegs beschaulichen Buchholz. Verwunderlich, dass die Nebenstraßen nicht *Ca-*

morrastraße, Cosa-Nostra-Weg oder *Ndrangheta-Allee* heißen, sondern *Sansibarstraße, Togostraße* und *Lüderitzallee*. Also Afrika statt Italien und ehemalige deutsche Kolonien statt ehrenwerter Gesellschaften. Und bevor Günther Jauch die 250.000-Euro-Frage stellt: *Mafia* ist der Name einer Insel vor Tansania.

Am Schamberg – Am Schamberge

Hattingen-Baak *Bochum-Linden*

Beide Straßen liegen gerade mal drei Kilometer voneinander entfernt. Was irgendwie doch kein Zufall sein kann. Während der Hattinger Schäm-Weg nur 200 Meter lang ist, kann man beim Bochumer Gegenstück (800 m) schon von einer Straße sprechen. Ordentlich bergan gehen beide Schamberge. Wer da wohnt, muss doppelt hart im Nehmen sein ...

Straße des Bohrhammers

Herne-Süd

Straße mit Genitiv? Und dat im Ruhrgebiet? Wo man doch eher eine *„Dem Bohrhammer seine Straße"* erwarten würde ... Aber Herne machts elegant wie weiland die DDR mit ihren Straßen der Völkerfreundschaft und ähnlichem. Nur: Warum ausgerechnet Bohrhammer? Ganz einfach: Umme Ecke hatte Otto Heinrich Flottmann vor mehr als 100 Jahren eine tolle Idee, die 1904 mit dem Reichspatent für einen „Druckluft-Bohrhammer mit Kugelsteuerung und selbsttätiger Umsetzung" belohnt wurde. Das ist doch wohl eine Straße wert – oder?

Chattenstraße

Gelsenkirchen-Bulmke

Wo andere Kommunen sich noch nicht einmal zu einer Computerstraße oder gar Internet-Allee Gedanken machen, ist Gelsenkirchen schon einen Schritt weiter. Könnte man glauben, denn in Bulmke-Hüllen wird gechattet. Das steht ganz amtlich auf dem Straßenschild: Chattenstraße.

Die Besserwisser haben schon längst dazwischengequatscht: Die Straße ist doch nach einem alten germanischen Volksstamm benannt, den Chatten. Und liefern gleich noch, wie Besserwisser nun mal so sind, die richtige Aussprache dazu: ***X**atten*. Im Gegensatz zu den Cheruskern, die sich bekanntlich ***K**erusker* sprechen.

Old Wattsche

Bochum-Wattenscheid

Hat nichts mit *Karl May* und *Winnetou* zu tun. Soll eine mundartliche Bezeichnung für das „alte *Watt* en *sche* id“ gewesen sein, einer Häusergruppe zwischen Ost- und Hagenstraße. Klingt aber eher so, als sei der Name in einem Wettbewerb der örtlichen Werbegemeinschaft entstanden. Oder wäre solch ein Dialog denkbar gewesen: *„Wo kommse wech?“ „Aus Wattsche.“* Nee, nä?

Zornige Ameise

Essen-Rellinghausen

Die Zornige Ameise ist eine kurze Sackgasse, eingeklemmt zwischen Wuppertaler Straße und Ruhr. Die schmale Gasse führt runter zu einem Lokal, das ebenfalls den Namen Zornige Ameise trägt. Henne oder Ei? Bei der Stadt Essen schiebt man die Verantwortung auf die Gastronomie. Schließlich hieß das Lokal schon seit Ewigkeiten so. Und in diesen Ewigkeiten muss es wohl mal eine Wirtin gegeben haben, deren aufbrausendes Wesen offenbar einen hohen Bekanntheitsgrad gehabt hatte. Und wie die Kneipe, so die Straße.

Was übrigens aus der Wirtin geworden sein mag? Vielleicht ging sie nach ihrer Essener Zeit nach Hückeswagen. Dort, und in ganz Deutschland nur dort gibt es ebenfalls ein Lokal namens „Zornige Ameise“. Das soll ein Zufall sein?

Auf'm Brautschatz

Dortmund-Remberg

Na, wer möchte nicht hier wohnen? Klingt romantisch und/oder irgendwie sympathisch nach Gold, Juwelen oder zumindest einer größeren Menge Geld. Und so ähnlich hatte es sich in Hörde auch zugetragen. Der Brautschatz war vor einigen Jahren eine Art Mitgift. Der reiche Bauer und Brautvater gab dem Schwiegersohn ein Stück Land als Dank dafür, dass er seine Tochter weggeheiratet hatte. In Dortmund haben sie gleich eine Straße draus gemacht.

Deutsches Reich

Bochum-Werne

Das Deutsche Reich gibt es immer noch und liegt mitten in Bochum. Hier hat man nicht etwa vergessen, den alten Straßennamen abzuschrauben, nachdem unser alter Kaiser Willem nicht mehr war. Die Straße ist benannt nach der „Kolonie Deutsches Reich", so hieß und heißt die Siedlung in Werne. Kein schöner Name. Keine schöne Siedlung.

Horst (und Schlimmeres)

mehrere Städte

In Hattingen nimmt die Geschichte ihren Anfang. Gepflegt am Rande der Altstadt findet man den ganz einfachen und knappen *Horst*. Essen legt eine Schippe drauf und nennt gleich einen ganzen Stadtteil *Horst*. Gelsenkirchen kann noch besser und präsentiert seinen *Horst* mit Schloss!

Oberhausen wird handgreiflich und krallt sich *auf dem Horst* fest, während es in Herne Wanne-Eickel nur zu einem *auf dem Hörstchen* reicht. Geht da noch was? Klar: Dortmund ist *im Horst*. Und Unna gar *im Vollhorst*. Eine Stadt namens *Horst* gibt es allerdings nur in Schleswig-Holstein. Zweimal gleich.

Auf der Marta

Witten-Bommern

Ist nicht etwa die weibliche Antwort auf den gepeinigten Horst. Die Straße in Bommern ist benannt nach einer ehemaligen Zeche namens Marta. (Jetzt könnten wir ein ganzes Kapitel über spaßige bis urkomische Zechennamen schreiben. Das gibt es aber schon. Und zwar in dem Buch ***Ruhrgebiet. In echt!*** – erschienen im *Klartext Verlag*.)

Auf der Prinz

Bochum-Kornharpen

Also: *Der* Prinz ist ok. So schreibt's ja auch der Duden. *Die* Prinz? Gibt's nicht. Höchstens als Birgit Prinz, ehemalige Fußballnationalspielerin. Tolle Tore. Tolle Spiele. Aber deswegen gleich *Auf* der Prinz? Das war ihren ehemaligen Mitspielerinnen vorbehalten, die sich beim Torjubel auch schon mal auf die Torschützin warfen. In Bochum macht das wenig Sinn. Wobei wir dann bei „Sinn" und „Bochum" wären – zwei Dinge, die manchmal nicht zusammenpassen ...

Schwarzer Drecksweg

Hünxe

Die vermeintliche Schmuddelstraße ist gar keine. Der Drecksweg führt durch grüne Landschaft, längs des Hünxer Bachtals und des Golfclubs *Hünxerwald*. Nur die nahe liegende Zechenanlage Lohberg Schacht Hünxe könnte in der Vergangenheit für ein wenig Dreck gesorgt haben. Aber reicht das für eine diskriminierende Straßenbezeichnung? Hünxe! Wir bitten um Aufklärung!

Wohlfahrtstraße

Bochum-Wiemelhausen

Von hier aus wurde mal Gutes für die Arbeiterschaft getan. Der *Konsumverein Wohlfahrt* versorgte einst von hier aus die Malocher der Zechen mit preiswerten Lebensmitteln und und Konsumartikeln. Der Verein war eine gewerkschaftlich-genossenschaftliche Initiative und galt als Gegengewicht zu ähnlichen Einrichtungen der Fabriken, in denen die Unternehmer ein zweites Mal an ihren Arbeitern verdienten.

Selbsthilfeweg

Bochum-Wiemelhausen

Ist nicht etwa die Parallelstraße der Wohlfahrtsstraße. Liegt aber auch in Wiemelhausen und erinnert an die Eigeninitiative und Nachbarschaftshilfe beim Aufbau der Siedlung unmittelbar nach dem Zweiten Weltkrieg.

Porschekanzel

Essen-Mitte

Mit dem Porscheplatz wollte die Stadt Essen den Ingenieur und Autokonstrukteur *Ferdinand Porsche* ehren. Okay soweit, obwohl *Ferdi* zeitlebens mit der Stadt Essen nichts zu tun hatte. Sohn *Ferry* auch nicht. Egal, in Zuffenhausen gibt's ja auch eine Kruppstraße. Vielleicht ein Deal?

In Essen hat der *Porscheplatz* noch mal ein Obendrüber bekommen: die Porschekanzel. Ironie der Namensgebung: Hierhin darf man aber nicht mit den Produkten aus dem Hause P. Und das Porsche-Zentrum liegt auch ganz woanders.

Am Schmandsack

Dortmund-Hombruch

Klingt unappetitlich und war wohl auch so. Der Sack ist eine Absackung des Geländes. Und wenn dies dann so richtig lehmig, schmierig, rutschig ist, haben wir den feinsten Schmandsack weit und breit.

An der Schlanken Mathilde

Dortmund-Hörde

In Hörde gibt es aus nostalgischen Gründen eine öffentliche Standuhr. Weil es dort früher schon eine öffentliche Standuhr gab. Die hieß *Schlanke Mathilde*, und dann hieß auch irgendwann die Straße so.

Gelsenkircher Straße

Wanne-Eickel

Ist nichts Besonderes. Oder doch? Noch mal ganz langsam: Gelsenkir**cher** Straße. Richtig muss es doch wohl heißen: Gelsenkir**chener** Straße.

Schließlich soll die Straße ja nach der Nachbarstadt benannt worden sein. Wo sie ja auch stracks hinführt. Und die Nachbarstadt heißt immer noch Gelsenkirchen. Und nicht Gelsenkirch. Warum Wanne-Eickel nach 1925 die beiden Buchstaben verloren hatte, weiß heute niemand mehr. Vielleicht um Platz auf den Schildern zu sparen?

Heute gibt es bundesweit ganz viele Gelsenkir**chener** Straßen. Aber nur zwei Gelsenkir**cher**. In Wanne-Eickel (pardon, die Herner haben den Schreibfehler von den Wannern übernommen) und in: Berlin.

Unnützes Wissen (2)

Fanta

Essener Chemiker mixten eine Kriegs-Brause

Coca Cola, die koffeinhaltige Limo aus Atlanta, war auf ihrem weltweiten Siegeszug im Jahr 1929 auch im Deutschen Reich vor Anker gegangen. Die Zentrale für Produktion, Abfüllung und Vertrieb baute man in Essen (einen Ort namens „Trinken" gab es ja nicht ...). 1940 wurden kriegsbedingt die Rohstoffe für die Coca-Cola-Produktion knapp, so dass die Essener Chemiker als Ersatz ein Fruchtgetränk entwickelten, das alsbald auf den Namen *Fanta* hörte. Man wollte betonen, dass die neue Mischung fantastisch schmecke. Und bald war sie auch einzigartig, denn ab 1942 gab es in Deutschland keine Cola mehr und schon gar keine vom Feind.

Als dann, ab 1950, endlich wieder die Original-Coke in deutschen Gläsern britzelte, blieb die Fanta erstaunlicherweise im Programm. Und noch erstaunlicher war ihre baldige internationale Karriere. Von Essen in die Welt: Inzwischen gibt es Fanta in einem Dutzend Geschmacksrichtungen in über 200 Ländern. Also eigentlich überall.

Das sind ja schöne Aussichten ...

... hieß es früher immer, wenn Unheil drohte. Heute ist der Spruch eher ein Ausdruck freudigen Erstaunens, wenn es richtig was zu gucken gibt. Und dafür bietet das moderne Ruhrgebiet eine Menge an Möglichkeiten. Am besten von ganz oben. Da es mit den natürlichen Erhebungen zwischen Ruhr und Lippe eher mau

Halde Haniel, Bottrop-Fuhlenbrock (s. Seite 74)

aussieht, greifen wir auf allerlei künstliche Erhebungen zurück. Bei schönem Wetter, wenn die Sicht frei ist, lohnt es sich unbedingt, auf Halden zu steigen. Auch mit Besuch von außerhalb muss man unbedingt auf Berge, Türme, Halden oder Gebäude. Schon alleine, um dem Besucher ein *„Das-ist-aber-grün-hier!"* zu entlocken.

Hier sind die schönsten Panoramapunkte des Ruhrgebiets, mit und ohne Sperrstunde. Alle mit einem * gekennzeichneten Locations gehören zu den offiziellen *Panoramen des Ruhrgebiets*.

Gasometer, Arenastraße 11, Oberhausen, Neue Mitte

Gasometer

Aussichtsplattform ca. 115 Meter

Deutschlands größter (ehemaliger) Gasbehälter bietet Nah- und Fernsicht. Beides spektakulär und einzigartig – nur schwindelfrei sollte man sein! Innen geht es mit einem gläsernen Panoramaaufzug bis unter das Dach des Gasometers. Ein zweiter Aufzug führt außen auf das Dach. Wer fit ist, kann auch die 592 Stufen hoch laufen. Der Zugang zu den Panorama- bzw. Aussichtspunkten ist im Ticket-Preis für die Ausstellungen enthalten. Während der Ausstellungspausen sind auch die Aussichtspunkte geschlossen. Infos zu den Terminen der Ausstellungen gibt es im Internet unter *www.gasometer.de*. Für Gruppen können auch (kostenpflichtige) Führungen gebucht werden. Infos unter 0208 - 8 50 37 36. Geöffnet Di bis So: 10.00 bis 18.00 Uhr.

Florian-Turm *

Plattform ca. 142 m (Gesamthöhe ca. 220 m)

Der Florian inmitten des Westfalenparks ist eigentlich ein Fernmelde-Turm. Da er aber zur Bundesgartenschau 1959 eingeweiht wurde, durften auch Aussichtsplattform und drehbares Turmrestaurant nicht fehlen. Und so gibt es seit über 50 Jahren den einzigartigen Rundumblick vom höchsten öffentlich zugänglichen Gebäude des Ruhrgebiets. Und wo einst eine biedere Ausflugs-Küche werkelte, ist längst eine ambitionierte Cuisine entstanden. 2011 wurde der Florian aufwendig renoviert. Ärgerlich: Auch danach bleibt der Turm weiterhin für Rollstuhlfahrer gesperrt. Die Feuerwehr will es so.
Wer auf den Turm möchte (Di bis Fr: 15.00 bis 23.00 Uhr, Sa, So: 12.00 bis 23.00 Uhr) muss entweder zweifach Eintritt zahlen (für Park und Turm) – oder an der Kasse des Westfalenparks direkt ein Kombi-Ticket kaufen.

Florianturm, Florianstraße 2, Dortmund Westfalenpark

* = Panorama des Ruhrgebiets

RWE-Turm, Opernplatz 1, Essen, Südviertel

RWE-Turm

Essen, Aussichtsplattform ca 120 Meter

Das höchste Haus des Ruhrgebiets (Nr. 35 in Deutschland) steht in Essen und gehört dem Energieriesen *RWE*. Die Aussichtsplattform in 120 Metern Höhe wird acht mal pro Jahr für Besucher geöffnet, immer am dritten Samstag der Monate März bis Oktober. Die Turmfahrt gibt es jeweils zur vollen Stunde zwischen 10 und 15 Uhr im Rahmen einer Führung (Tag des offenen Turms). Ohne vorherige Anmeldung geht allerdings gar nichts. Entweder telefonisch unter 0800 - 0703-700 oder per Kontaktformular auf *www.rwe.com*

Rathaus

Essen, ca. 106 Meter

Hübsch ist anders – aber hoch ist es, das Essener Rathaus. 1979 eröffnet, zählt es auch heute noch als einer der höchsten öffentlichen Bauten Deutschlands. Ganz oben, in der 22. Etage (ca. 100 m), empfängt der Oberbürgermeister seine Gäste. Wer nicht warten möchte, bis ihn der OB

Rathaus,
Porscheplatz
Essen-Mitte

persönlich einlädt, kann den schönen Fernblick auch im Rahmen einer kostenlosen Rathaus-Führung genießen: jeden Dienstag, 11.00 Uhr (außer in den Ferien). Eine Garantie auf den Besuch der 22. Etage gibt es allerdings nicht - vielleicht empfängt ja der OB gerade Gäste ...

Kostenpflichtige Gruppenführungen gibt es auch, telefonisch zu vereinbaren unter 0201 - 88-15301.

Bismarckturm

Mülheim, ca. 27 Meter

Mit seiner Aussichtsplattform in etwa 27 Metern Höhe wäre Mülheims Bismarckturm nichts Besonderes, stünde er nicht auf dem etwa 70 Meter hohen Kahlenberg. Und damit wird die Aussicht übers Ruhrtal schon wieder interessant. Kostenlos. März bis Oktober, Di bis Fr sowie So: 14.00 bis 17.00 Uhr.

Bismarckstraße 22, 45470 Mülheim

Weitere Bismarcktürme im Ruhrgebiet:
Bochum (Stadtpark), ca. 34 m; Unna (Fröndenberg), ca. 19 m; Hattingen (Hohenstein), ca. 11 m; Essen (Mechtenberg), ca. 16 m; Hagen Goldberg, ca. 24 m.

Zeche Nordstern

Gelsenkirchen, ca. 85 Meter

Der ehemalige Förderturm der Zeche Nordstern wurde 2010 auf 85 Meter aufgestockt und mit der Herkules-Figur von Markus Lüpertz gekrönt (s. hierzu auch Seite 133). Zu Füßen des blaubärtigen Helden gibt es auch eine Aussichtsplattform, die noch im Jahr 2012 für Besucher geöffnet weder soll. (Infos zu Öffnungszeiten wird es rechtzeitig auf *www.nordsternturm.de* geben.)

Nordsternplatz 1, 45899 Gelsenkirchen

Hochofen 3, Industriemuseum Henrichshütte,
Werksstraße 31-33, Hattingen

Hochofen 3

Hattingen, ca. 35 Meter

Die Nummer drei in Hattingen ist der älteste noch erhaltene Hochofen des Ruhrgebiets. Die spannende Geschichte des ehemaligen Stahlwerks und seiner Beschäftigten gibt es auf den Museumsrundgängen (Weg des Eisens). Den wunderschönen Panoramablick über Hütte, Hattingen und Ruhr gibt es von der Besucherplattform des Hochofens 3. Rauf geht es per Treppe oder mit dem Aufzug. Wer gucken will, muss Museums-Eintritt bezahlen. Di bis So: 10.00 bis 18.00 Uhr, Fr: bis 21.30 Uhr.

Isenburg

Hattingen, ca. 80 Meter (Isenberg)

Die Isenburg liegt völlig in Trümmern – allerdings schon seit 1225. Da wurde sie von einer Erzbischöflichen Truppe in Schutt und Asche gelegt. Der Isenberg, auf dem die Reste der Isenburg liegen, steht aber noch. Und von seinem Buckel hat man einen tollen Blick auf die Hattinger Ruhrschleife. Und ahnt, warum sich die Raubritter an Orten wie diesem verschanzt hatten. Alles unter Kontrolle ...

Am Isenberg 2, 45529 Hattingen

Burg Blankenstein

Hattingen, ca. 70 Meter (+ Turm, ca. 25 Meter)

Kurios: Die Burg, in der heute eine Gastronomie mit Biergarten betrieben wird, gehört der Stadt Bochum und liegt in Hattingen. Egal: Der Ausblick über die Ruhr (und nach Bochum) ist fantastisch. Öffnungszeiten des Turms: täglich 9.00 bis 21.00 Uhr, Restaurant geöffnet ab 18.00 Uhr.

Burgstraße 16, 45527 Hattingen

Hohensyburg *, Vincketurm und Kaiser-Wilhelm-Denkmal

Syberg, Dortmund, ca. 125 Meter

Drei unmittelbar beieinander liegende Punkte mit nahezu der selben sehr schönen Aussicht vom Hengsteysee bis weit über Hagens Berge. Zu Füßen des berittenen Kaisers bietet ein breiter Balkon ausreichend Blickfläche, die Aussicht von den etwa 300 Meter entfernten Ruinen der Hohensyburg ist etwas zugewachsen. Ohne Hindernisse dagegen der Blick vom Vincketurm mit einem Höhenplus von ca. 25 Metern. Viele Jahre wegen Baufälligkeit geschlossen, wurde er kürzlich wieder auf Vordermann gebracht und zugänglich gemacht.

Hohensyburgstraße 200, 44265 Dortmund

Dortmunder U, Leonie-Reygers-Terrasse, Dortmund-Mitte

Dortmunder U

ca. 56 Meter

Der ehemalige Turm der Union-Brauerei ist zu einem Zentrum für Kunst und Kreativität und zum neuen Wahrzeichen Dortmunds geworden. Drinnen gibt es, ziemlich weit oben, ein Restaurant mit tollem Rundumblick (Di bis So, 11.00 bis 23.00 Uhr), das bald auch einen Biergarten in luftiger Höhe bekommen soll. Samstags nach 23 Uhr verwandelt sich das Restaurant in einen Club. Bis 5 Uhr morgens kann man dann abfeiern und dabei beobachten, wie sich Dortmund ringsum langsam schlafen legt.

Hochofen 5

Duisburg, ca. 70 Meter

Wenn man gut zu Fuß und schwindelfrei ist, sollte man sich dieses Erlebnis gönnen. Toller Blick über das Gelände des ehemaligen Hüttenwerks und die angrenzenden Duisburger Stadtteile. Aufstieg und Zugang zum Landschaftspark sind kostenlos. Rund um die Uhr zugänglich.

Landschaftspark Duisburg-Nord, Emscherstraße 71, 47137 Duisburg

Maximilianpark, Alter Grenzweg 2, Hamm-Werries

Glaselefant

Hamm, ca. 35 Meter

Eine der Attraktionen im Maximilianpark ist der Elefant. Die ehemalige Kohlenwäsche einer längst vergangenen Zeche ist in einen gläsernen Dickhäuter verwandelt worden, in dessen Rüssel ein Aufzug die Besucher zum Panoramablick in 35 Metern Höhe hievt. Schöner Blick über den Park und Umgebung. Für den Park inklusive Elefant wird Eintritt erhoben. April bis September, täglich 9.00 bis 19.00 Uhr.

Berger-Denkmal auf dem Hohenstein *

Witten, ca. 100 Meter (+ Turm, ca. 20 m)

Der Hohenstein ist, wie er heißt: eine mehr als 100 Meter hohe Klippe über der Ruhr, die auch ohne Turm eine fantastische Aussicht bietet. Das Berger-Denkmal ist eigentlich ein Bismarckturm, den die etwas starrköpfigen Wittener partout nicht dem ollen Reichskanzler widmen wollten. Stattdessen schraubten sie vor mehr als 100 Jahren eine Tafel für den einheimischen Industriellen *Louis Berger* an den Turm, der folglich Berger-Denkmal heißt.

Hohenstein, 58453 Witten

Aquarius

Mülheim, ca. 35 Meter

Einst wurde in diesem Turm Wasser für ein *Thyssen*-Stahlwerk gespeichert. Seit 1992 ist der denkmalgeschützte Turm ein Museum rund um das Element Wasser. Ganz oben gibt es in diesem ungewöhnlichen Museum einen Panoramakranz, der einen schönen Rundumblick über Mülheim und das Ruhrtal bietet. Zur Aussichtsetage kommt man allerdings nur mit einem Museums-Ticket. Di bis So: 10.00 Uhr bis 18.00 Uhr.

Aquarius,
Burgstraße 70,
Mülheim-Styrum

Deutsches Bergbaumuseum

Bochum, ca. 62 Meter

Über dem Bergbaumuseum steht das Fördergerüst der ehemaligen Zeche *Germania* (Dortmund). Mit dem Ticket fürs Museum darf man auch hoch auf die Aussichtsplattform in 62 Metern Höhe. Ganz bequem mit dem Lift auf 50 Meter Höhe, danach geht es über Treppen weiter. Die Turmfahrt gibt es durchgehend während der Öffnungszeiten des Museums. (Di bis Fr: 8.30 bis 17.00 Uhr, Sa u. So: 10.00 bis 17.00 Uhr)

Am Bergbaumuseum 28, Bochum-Mitte

Förderturm Königsborn 3/4, Zechenstraße, Bönen

Förderturm Zeche Königsborn 3/4

Bönen ca. 64 m (Aussichtsbalkon ca. 55 m)

Bedeutungsschwer wird der ehemalige Förderturm heute *„Ostpol des Ruhrgebiets"* genannt und abends mit Yellow-Marker-Lichtkunst illuminiert. Eine Initiative kümmert sich um Kultur und Veranstaltungen im Turm, in dessen Innerem man per Treppe oder mit dem Lift auf 55 Meter hoch kommt. Von den beiden Balkonen des Turms genießt man einen weiten Ausblick auf die Hellweg-Region. Rein und rauf geht es nur im Rahmen einer Führung gegen eine kleine Gebühr (Terminabsprache und Voranmeldung unter Tel 02383 - 2874, Günter Wagner).

Jagdhaus Schellenberg, Korteklippe

Essen, ca. 145 Meter und ca. 105 Meter

Von der Restaurant-Terrasse und vom Biergarten des Jagdhauses Schellenberg gibt es einen fantastischen, aber leicht zugewachsenen Blick über den Baldeneysee.

Die Korteklippe steht dem Jagdhaus blicktechnisch kaum nach, der Aufenthalt hier ist allerdings kostenlos. Vorausgesetzt, man findet die ziemlich versteckte und kaum ausgeschilderte Location.

Jagdhaus Schellenberg, Heisinger Straße 170 a, Essen
Korteklippe, nahe Heisinger Straße, Essen

Halde Großes Holz, Bergkamen

Halden: die besten Aussichten

Im Ruhrgebiet gibt es Dutzende von künstlichen Bergen. Meist aufgeschüttet mit Abraum aus den Zechen, manche aber auch mit Schutt und Abfall. Einige Halden sind noch in Betrieb, sie werden noch geschüttet und modelliert. Diese Halden stehen unter Bergrecht und sind in der Regel nicht zugänglich.

Viele andere Halden sind aber bereits begrünt und mit mehr oder weniger brauchbaren Wegen erschlossen: Betreten ausdrücklich erlaubt. Wo kein dichtes Grün den Blick behindert, gibt es tolle Aussichten und Panoramen. Auf einigen der künstlichen Berge stehen weithin sichtbare Installationen: Landmarks und Aussichtspunkte, die blicktechnisch noch eins drauflegen. Hier ist eine Übersicht der besten Fernsichten (von Ost nach West).

Kissinger Höhe *

Hamm, ca. 115 m (ca. 55 m über Umgebungsniveau)
Von der Nordic-Walking-Halde gibt es feine Ausblicke.
Zugang über Kamener Straße, Parkplätze „Zum Bergwerk"

Großes Holz *

Bergkamen, ca. 150 m (ca. 90 m über Niveau)
Sehr schöner, weiter Blick übers Land. Best Place: Adener Höhe.
Zugang über Jahnstraße, Haldenstraße

Deusenberg

Dortmund, ca. 112 m (ca. 48 m über Niveau)
Toller Fernblick von der Mountainbikehalde - leider nur nach Osten und Norden.
Zugang über Lindberghstraße und Emscher-Radweg

Halde Brockenscheidt

Waltrop, ca. 99 m (ca. 32 m über Niveau)
Vom Spurwerkturm auf der Halde genießt man einen netten Ausblick. Nett - aber nicht spektakulär.
Zugang über Gewerbegebiet Zeche Waltrop, Sydowstraße

Halde Schwerin *

Castrop-Rauxel, ca. 147 m (ca. 25 m über Niveau)
Weiter Blick über Castrop-Rauxel, Bochum und Dortmund. Lohnend!
Zugang über Bodelschwingher Straße

Tippelsberg *

Bochum, ca. 150 m (ca. 40 m über Niveau)
Schönes 360°-Panorama, Stelen mit „Gucklöchern" für bestimmte Perspektiven und Ziele.
Zugang über Hiltroper Straße, Tippelsberger Straße

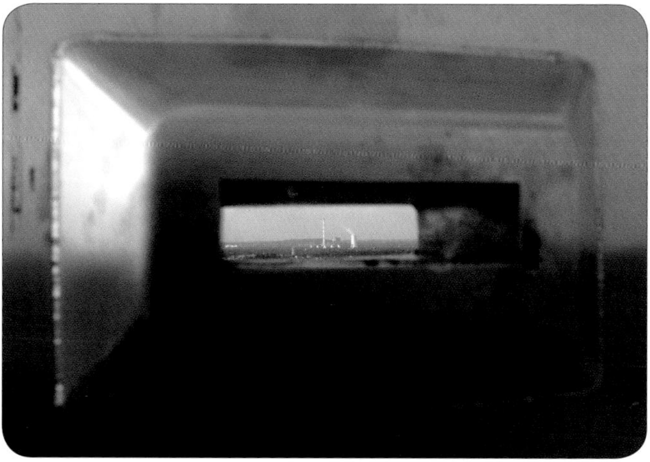

Revierblick: Tippelsberg, Bochum-Riemke

Hoppenbruchhalde *

Herten, ca. 108 m (ca. 90 m über Niveau)
Von der Plattform mit dem Windrad (Windpark) gibt es einen tollen Blick über die mittlere Emscherzone.
Zugang über Im Emscherbruch und ehem. Zeche Ewald

Aussichtspunkt Halde Hoppenbruch, Herten-Süd

Halde Hoheward *

Herten/Recklinghausen, 152 m (ca. 110 m über Niveau)
Das Bessere ist der Feind des Guten – und die Hoppenbruchhalde wird klar getoppt. Ausblick: sagenhaft. Rundumsicht aber nur von ganz oben (Horizontobservatorium).
Zugang über ehem. Zeche Ewald (Herten) oder Cranger Straße (Recklinghausen)

Rungenberghalde *

Gelsenkirchen, ca. 110 m (ca. 60 m über Niveau)
Von oben sieht Gelsenkirchen richtig klasse aus. Der Blick vom Rungenberg reicht noch weit über die Stadtgrenzen hinaus.
Zugang über Horster Straße, Schaffrathstraße

Halde Rheinelbe *

Gelsenkirchen, ca. 100 m (ca. 40 m über Niveau)
Wer auf den kahlen Kegel der Halde Rheinelbe steigt, wird mit

beeindruckendem 360°-Panorama belohnt! Tolle Fernsicht bei gutem Wetter.
Zugang über Leithestraße, Rheinelbe-Radweg

Halde Scholven (auch: Oberscholven)

Gelsenkirchen, ca. 202 m (ca. 135 m über Niveau)
Top-Fernsicht von der höchsten Halde des Ruhrgebiets. Leider kommt man nur einmal im Jahr legal rauf: zur Mai-Andacht der Josefs-Gemeinde.
Zugang über Bellendorfsweg

Schurenbachhalde *

Essen, ca. 88 m (ca. 53 m über Niveau)
Schöne Ausblicke vom Rand des Gipfelplateaus. Ein Rundgang oben lohnt sich! *Zugang über Emscherstraße*

Halde an der Beckstraße (Tetraeder) *

Bottrop, ca. 110 m (ca. 80 m über Niveau)
Fantastische Aussicht vom Haldenplateau – hier fährt auch ein Wasserstoff-Bus rauf. Schade: Info-Tafeln durch Beschädigungen teils unlesbar. Wer den absoluten Überblick will und auch den Kick nicht scheut, steigt aufs Tetraeder (oberste Plattform: plus weitere 38 Meter). Sa-gen-haft!
Zugang über Beckstraße

Mit „Bergsee": Schurenbachhalde, Essen-Altenessen-Nord

Halde Prosperstraße (Alpincenter)

Bottrop, ca. 90 m (ca. 60 m über Niveau)
Eine Etage niedriger als die Nachbarin mit dem Tetraeder. Dennoch: Großartiger Ausblick – vor allem auf die Kokerei Prosper. Einzige Halde, auf die man mit dem eigenen Auto hoch darf.
Zufahrt über Prosperstraße

Halde Haniel *

Bottrop, ca. 160 m (ca. 95 m über Niveau)
Der weiteste Blick im mittleren Ruhrgebiet. Das 360°-Panorama gibt es oben bei den „Totems“ (siehe Foto auf Seiten 58/59).
Zugang über Fernewaldstraße, Parkplatz Prosper-Haniel

Alsumer Berg *

Duisburg, ca. 78 m (ca. 48 m über Niveau)
Auf dem dicht bewachsenen Berg gibt es nur eine schmale Sichtschneise: Die aber bietet den schönsten Blick auf den Rhein bei Duisburg.
Zugang über Rhein-Radweg (Parken: Alsumer Steg)

Heinrich-Hildebrand-Höhe

Duisburg, ca. 67 m (ca. 35 m über Niveau)
Auf der begehbaren Skulptur „Tiger & Turtle“ geht es noch weitere 13 Meter höher mit feinen Ausblicken über den Rhein und

Von Halde (mit Tetraeder) zu Halde (mit Alpincenter), Bottrop-Batenbrock

Duisburg. Fast wie eine Achterbahn – nur langsamer.
Zugang über Ehinger Straße und Berzeliusstraße

Halde Rheinpreußen *

Moers, ca. 99 m (ca. 78 m über Niveau)
Das industrielle Duisburg in seiner ganzen Pracht entfaltet sich als Panorama vom Gipfel der Halde Rheinpreußen betrachtet. Noch zehn Meter mehr Überblick verschafft die Aussichtsebene der Gipfelinstallation „Geleucht".
Zugang über Römerstraße, Gutenbergstraße

Pattberghalde *

Moers, ca. 92 m (ca. 64 m über Niveau)
Ähnliche Perspektiven wie auf der Rheinpreußen-Halde – allerdings alles eine Nummer kleiner und ohne Aussichtsturm.
Zugang über Pattbergstraße

Halde Norddeutschland

Neukirchen-Vluyn, ca. 100 m (ca. 77 m über Niveau)
Schöner Rundumblick weit ins Rheinland. Bei gutem Wetter könnte man die Niederlande sehen. Wenn sie nicht so flach wären ...
Zugang über Geldernsche Straße

Was weg ist, ist weg

Wat wech is, is wech. Hatten früher immer die Erwachsenen gesagt. Und so ganz klar war uns nicht immer, ob die weisen Herrschaften meinten: *„Gottseidank hat das ein Ende."* Oder ob es bedeutete: *„Was erst mal weg ist, wird nie wiederkommen."* Das Ruhrgebiet hat Übung im Abreißen, Verschrotten, Planieren oder nach Asien verkaufen. Es wäre ja auch tragisch, wenn sich nichts verändern würde.

Ehemaliger Flughafen Dortmund-Brackel, heute Siedlungsprojekt Hohenbuschei, Dortmund (siehe Seite 86)

Und so verschwanden Zechen, Stahlwerke, Kokereien und andere Vertreter der Schwerindustrie, die in diesem Kapitel mal keine Rolle spielen. Aber auch viele andere Dinge, die einst das Stadtbild bestimmten, standen und stehen auf der Abbruchliste.

Um manches ist es schade. Manches ging unwiederbringlich verloren und wird heute beklagt. Manches war vielleicht nur eine mehr oder weniger interessante oder kuriose Zeiterscheinung, die sich irgendwann erledigt hatte. Vielleicht sollte man, wo es noch geht, mal nachdenken und innehalten. Vielleicht gibt es ja auch für manch Vergangenes noch eine Zukunft.

Weggedämmt: Hausackerstraße 2, Essen-Holsterhausen

Fassade Hausackerstraße

Ein Krupp-Zitat wurde wärmegedämmt

Drei kräftige Schmiede dreschen mit Hämmern auf ein Werkstück ein, das ein Azubi auf dem Amboss fixiert. Und dazu dichtete Alfred Krupp: *„Der Zweck der Arbeit soll das Gemeinwohl sein. Dann bringt Arbeit Segen, dann ist Arbeit Gebet."* – Gut, das Schmiedehandwerk ist nahezu ausgestorben, und solche Werkstücke werden im Ruhrgebiet nicht mehr bearbeitet. Auch, ob die Welt heute noch die bisweilen zynischen Weisheiten eines Alfred Krupp braucht, sei dahingestellt. Aber muss man beides, Bild und Spruch, gleich aus dem Stadtbild tilgen?

Seit in den 1950er Jahren hier die Werkswohnungen für Krupp-Beschäftigte gebaut wurden, zierte das Schmiede-Ensemble eine Fassade an der Hausackerstraße, Ecke Pfingstfeldwende. Bis 2010. Dann wurde die Fassade erneuert, und das Relief verschwand hinter einer dicken Schicht Wärmedämmung. Allen Protesten zum Trotz, die ein Verschwinden der Industriekultur beklagten. Aber: Ganz weg ist die Krupp-Fassade ja nicht. Sie ist nur nicht mehr zu sehen. Vielleicht wird sie in 50, 60 Jahren mal wieder freigelegt. Und entzückt dann vielleicht die Archäologen der Zukunft ...

Rußgeschwärzt: Gelsenkirchens Hauptbahnhof im Jahr 1965

Hauptbahnhof Gelsenkirchen

Nur ein Fenster hat überlebt

Der Hauptbahnhof Gelsenkirchen dürfte sicherlich der einzige Hbf Deutschlands sein, der auf ein Bahnhofsgebäude verzichtet (Stuttgart wird bald hinzukommen ...). Das, was sich in Gelsenkirchen Bahnhof, gar *Haupt*bahnhof nennt, liegt unter Gleisen und unter Straßen. Wer Bahn fahren will, geht in Gelsenkirchen in den Keller. Oder durch eine Unterführung.

Dabei hatte Gelsenkirchen mal einen richtig schmucken Bahnhof. Gebaut 1904 im damaligen Chic wilhelminischer Architektur. 80 lange Jahre war dieses Gebäude gut genug, erfreute Reisende mit seinen sehenswerten Glasfenstern und bildete mit den angrenzenden Gebäuden und repräsentativem Vorplatz ein stimmiges Ensemble.

Im Modernisierungwahn der 1980er Jahre wurde dann ausgiebig die Abrissbirne geschwungen. Dort, wo gerade noch der Bahnhof stand, gähnten jetzt Unterführung und schmucklose Bahnsteigzugänge die Fahrgäste an. Zur Fußballweltmeisterschaft 2006 wurde das Gelsenkirchener Loch dann ein wenig aufgepeppt. 15 Mio Euro wurden dafür versenkt – sehen kann man für das Geld aber nicht sehr viel.

Gerettet: Glasfenster des ehemaligen Hbf an der Bahnhofstraße 78, Gelsenkirchen-Mitte

Ein einziges Gebäude konnte dank Bürgerengagements und massiven Protests vor der Abrissbirne gerettet werden: das alte Kaiserliche Postamt, fein restauriert und seit vielen Jahren schon Sitz des Verwaltungsgerichtes. An das, was unwiederbringlich verschwunden ist, erinnert nur noch das schönste der ehemals fünf Glasfenster: Vis-a-vis seines ursprünglichen Standortes wurde es an eine Hausfassade geschraubt. Abends, mit entsprechender Beleuchtung, grüßen dann die fünf Gewerke, die den Aufstieg Gelsenkirchens begründeten: Chemie, Glas, Kohle, Stahl und Bekleidung. Und es grüßt noch unübersehbar eine Bäckereikette. Als die Werbung angebracht wurde, stand das Glasfenster noch nicht unter Denkmalschutz. Jetzt schon. Aber inzwischen genießt die Backwerbung Bestandsschutz. Dumm gelaufen.

Kindermuseum Atlantis

Verschollen auf dem Weg von Duisburg nach Oberhausen

Am Duisburger Innenhafen gab es mal ein richtig tolles Museum. Für Kinder, die aber auch gerne ihre Eltern mitbringen durften. Eigentlich war das Atlantis ein großes Abenteuerspielhaus mit didaktischem Hintergrund. Untergebracht war das Kindermuseum in der alten Werhahnmühle, wo sich über mehrere Etagen die kleinen Besucher mittels verschiedener Experimente, Aufgaben und Spiele mit physikalischen Phänomenen vertraut machen konnten. Spannend, unterhaltsam und gut besucht.

Trotzdem ging dieser im Ruhrgebiet und darüber hinaus einzigartigen Einrichtung nach noch nicht einmal vier Jahren die finanzielle Luft aus. Im November 2007 wurde das Atlantis im Duisburger Innenhafen geschlossen. Neuer Mieter in der Werhahnmühle war das *Lego-Discovery Centre*. Nicht lange, denn 2012 verließ auch dieses den Innenhafen und ging nach Oberhausen.

Die Einrichtung des Kindermuseums wurde erst einmal zwischengelagert. Sobald ein neuer Standort gefunden sei, wolle man das Atlantis wieder eröffnen, hieß es damals. Im Gespräch war die Neue Mitte Oberhausen. Seit April 2011 liest es sich resignierend auf der Website *www.kindermuseum.de* so: *„Leider gibt es momentan für einen Standort im Ruhrgebiet keine konkrete Planung."* Sehr schade!

Eingelagert: ehemaliges Kindermuseum Atlantis, Duisburg

Ausgewandert: Schachtgerüst Polsum 1,
heute am Kalteiche-Ring 28-32, Haiger

Zeche Westerholt Schacht Polsum 1

Das Gerüst lebt weiter

Wieder eine Zeche weniger. Na und? Das ist im Ruhrgebiet nichts Besonderes, hatten wir in den letzten 50 Jahren ungefähr 200 Mal. Die Zeche Westerholt (mit all ihren Schächten) hatte 2008 ihren letzten Atemzug getan. Während die Schachtanlage Westerholt 1/2/3 weiterhin denkmalgeschützt in der Gegend herumsteht und nicht mal besonders appetitlich aussieht, musste die kleine Schwester Schacht Polsum 1 dran glauben. Ziemlich abseits gelegen, in einem kleinen Waldstück zwischen Polsum und Marl, störte sie eigentlich niemanden.

Das Schachtgerüst und etliche Übertageanlagen von Polsum 1 wurden demontiert und „verbracht“, wie der Bergmann so schön sagt. Aber weg ist nicht weg: Polsum 1 lebt! In der Nähe von Haiger, direkt neben der Autobahn A 45, wurde das Schachtgerüst wieder aufgebaut. Es steht jetzt auf dem Gelände einer Firma für Schachtbautechnik. Wenn Sie also mal über die Sauerlandlinie nach Süden fahren, schauen Sie in Höhe des Rastplatzes *Kalteiche* nach links. Und grüßen Sie Polsum 1 schön von Zuhause!

Raststätte Hohenhorst

Erstes 24-h-Drive-in des Ruhrgebiets

Über Jahrzehnte, war sie die einzige Autobahnraststätte innerhalb des Ruhrgebiets. Sehr ungewöhnlich gelegen in einem Autobahnkreuz. Das es aber noch nicht gab, als 1937 hier eine Autobahn-Tankstelle gebaut wurde. Da war die A 2 noch allein auf weiter Flur. Auch als 1955 die Raststätte dazu gebaut wurde, war das Autobahnkreuz noch nicht in Sicht. Die A 43 wurde erst 1971 in Betrieb genommen. Und damit hatte Hohenhorst es im Kreuz.

Über viele Jahre war die Raststätte der absolute Geheimtipp für Nachtschwärmer. Lange bevor Sperrstunden fielen und Nachttankstellen erfunden wurden, konnte man hier spät in der Nacht was gegen den kleinen Hunger und den großen Durst tun. Und sich ganz früh am Sonntagmorgen nach durchtanzter Nacht für kleines Geld ein Frühstück gönnen. In manchen TV-Beiträgen tauchte Hohenhorst auf und 1980 sogar in einem richtigen Spielfilm. Hier wurde *Theo Gromberg* der Lkw geklaut. Und exakt von Hohenhorst aus startete *Marius Müller-Westernhagen* als *„Theo gegen den Rest der Welt"*.

Bei den Planungen zum Ausbau der A 2 passte die Raststätte mit dem Kult-Faktor nicht mehr ins Konzept. Hohenhorst ist Geschichte. Seit 2005. Die Gegenwart liegt sechs Kilometer weiter östlich und nennt sich Rastanlage *Resser Mark*. War dort schon mal jemand zum Frühstücken?

Planiert: ehemalige Raststätte Hohenhorst, Recklinghausen-Stuckenbusch

Löwenpark Graf Westerholt

Raubtiere auf freier Wildbahn

„Das Leben ist kein Streichelzoo" befand wohl Friedrich Reichsgraf von und zu Westerholt und Gysenberg in den 1960er Jahren, ließ einen massiven Sicherheitszaun rund um seine ausgedehnten Besitzungen bei Gelsenkirchen Buer errichten und setzte wildes Getier hinein. Braun- und Kragenbären, Lamas, Yaks, Auerochsen und vor allem Löwen, die dem Ganzen schließlich ihren Namen gaben.

Für 18 Mark pro Auto durfte man dann mit dem eigenen Pkw durch die Sicherheitsschleusen fahren und auf eine knapp vier Kilometer lange Foto-Safari gehen. Aussteigen strengstens verboten! Das Riesengehege war ja schließlich kein Streichelzoo. Für manche Besucher geriet die „Großwildjagd" bei Westerholt zu einem echten Geduld- oder Suchspiel. Bisweilen legten sich die Tiere einfach auf die Straße und blockierten den Verkehr. Oder verkrochen sich so weit ins Gehölz, dass man sie beim besten Willen nicht sehen konnte.

Nach 20 Jahren Löwenpark war Friedrich von und zu Westerholt pleite. Der Park musste geschlossen und die mehr als 200 Tiere irgendwo untergebracht werden. Schwierig wurde es bei den 21 noch verbliebenen Löwen – aber schließlich erbarmte sich ein spanischer Safari-Park und bewahrte die Westerholter Raubtiere vor der drohenden Einschläferung.

Pleite: ehemaliger Löwenpark, nahe Westerholter Straße, Gelsenkirchen-Resse

Über den Löwenpark wuchs im wahrsten Sinne des Wortes Gras. Teile davon wurden zum Golfplatz, andere Teile blieben Wald – wie eh und je. Mit ganz normaler heimischer Fauna. An den Löwenpark erinnern nur noch der Name eines Restaurants (heute: chinesische Küche) und ein steinerner Löwe an der Zufahrt zu dem Lokal.

Demontiert: ehemaliger Hafenkran, Am Westhafen, Herne-Crange

Krummer Hund

Ein Kran stand der Zukunft im Weg

Der Wanne-Eickeler Westhafen ist längst zugeschüttet und wo einst die Schiffe beladen wurden, werden heute Lkws bepackt. Damit man die Goldene Ära der Schiffe und der Häfen nicht vergisst, ließ man in Wanne-Eickel, jetzt Herne, einen Kran stehen. Der nach seiner Pensionierung sogar einen Namen bekam: Krummer Hund hieß er jetzt und gefiel allen so gut, dass er unter Denkmalschutz gestellt wurde.

Bis zu dem Zeitpunkt, als die speditive Branche auf Wanne-West noch mehr Platz haben wollte. Der Denkmal-Kran stand im Weg – und kurz darauf nicht mehr auf der Denkmalliste. Schade drum, aber ein Umzug wäre zu teuer gewesen, erklärte man den zornigen Bürgern, die sich vehement für den Erhalt des krummen Hundes einsetzten. Vergeblich. Der Kran ist seit März 2012 Geschichte. Gestritten wird aber immer noch.

Ausgedient und abgebaut: Tankstelle der ehemaligen Napier Barracks, heute: Gebrüder-Mörchel-Weg, Dortmund-Brackel

Napier Barracks

Flieger, Briten und der BVB

Bis 1995 prägte der Militärhistoriker *William Francis Napier* das Dortmunder Stadtbild entscheidend mit. Nämlich in Brackel, wo sich nach dem Krieg die britische Rheinarmee niederließ, die *Richthofen-Kaserne* der erledigten deutschen Luftwaffe übernahm und sich „für länger" einrichtete: mit Schieß- und Übungsplätzen, Sportanlagen (inklusive eines Golfplatzes!), Wohngebäuden, Versorgungseinrichtungen und allem, was man sonst in 40 Jahren Besatzungszeit noch so braucht. *Napier Barracks* nannten sie diese abgeriegelte kleine Stadt in der Stadt nach besagtem Militärhistoriker.

Grundsätzlich ist es nicht schlecht, wenn militärische Anlagen irgendwann rückstandsfrei verschwinden. Und so war niemand wirklich traurig, als die Briten die Stellung räumten und ihren deutschen Ex-Gegnern das Gelände zur zivilen Nutzung zurückgaben. Der Golfplatz blieb, hinzu kamen das neue Trainingsgelände des *BVB* und das *Siedlungprojekt Hohenbuschei*. Von seinem früheren Leben blieb auf dem Gelände wenig stehen. Neben einigen wenigen militärischen Relikten direkt neben dem BVB-Trainingsgelände sind es vor allem die beiden auf Sockeln liegenden Löwenfiguren, die wieder frisch gemacht und gesandstrahlt den Kreisverkehr an der *Adi-Preißler-Allee* überwachen.

Die beiden ruhenden Raubtiere sind nicht nur eine Erinnerung an die Napier-Barracks, vor deren Casino sie einst standen, sondern auch an die Zeit davor: 1910 wurde hier der *Flughafen Dortmund* eingeweiht, zunächst als Stützpunkt für Luftfracht, seit 1927 dann auch als Passagierflughafen mit Tower und allem notwendigen Drumherum inklusive Flughafenhotel und -restaurant. Der Platz entwickelte sich ordentlich, und als nach 1933 die Nazis begannen, ganz Deutschland unter militärischen Gesichtspunkten zu betrachten und zu bewerten, wurde die Rollbahn gemäß Luftwaffen-Anforderungen auf 1.100 Meter verlängert. Damit auch alle Heeresflieger den *Fliegerhorst Brackel* ansteuern konnten, wie er bald hieß.

1939 war dann Schluss mit Zivil, jetzt hatten Verbände wie das *Horst-Wessel-Geschwader* Luft- und Bodenhoheit übernommen. Bis zu 1.000 Mann waren in Brackel während des Zweiten Weltkriegs stationiert. Kein Wunder, dass der Flugplatz auch ein ausgesuchtes Ziel für alliierte Bombenangriffe war. Was noch übrig blieb, übernahmen die Briten. Die Landebahn brauchten sie nicht unbedingt, so dass sie bald überbaut wurde. Man kann ihren Verlauf aber heute noch auf Luftbildern (z.B. *Google Earth*) erkennen: zwischen dem heutigen BVB-Gelände und dem Golfplatz. Und das Terminal stand ungefähr da, wo heute die beiden Löwen stehen (s. historisches Foto auf Seiten 76/77).

Wachen immer noch: ehemalige Kasernen-Löwen im Kreisverkehr, Adi-Preißler-Allee, Dortmund-Brackel

Durchgangslager Massen

Wer braucht eine Kleinstadt?

Seit Juni 2009 ist das Durchgangslager in Unna-Massen Geschichte. 58 Jahre lang hatten hier Flüchtlinge, Spätaussiedler und Zuwanderer erstmals die Möglichkeit, sich bundesdeutsch zu akklimatisieren. Unna war eine von sieben Aufnahme- und Durchgangsstationen.

Als die unmittelbar nach dem Krieg eingerichtete *Landesstelle* in Siegen die Tausende von Menschen nicht mehr unterbringen konnte, wurde in Massen eine Siedlung auf den Acker gestellt, die 1951 bereits von 1.500 Flüchtlingen und Aussiedlern bewohnt wurde. Geplant war eine Nutzung für „zwei bis drei Jahre", danach sollten hier Bergleute einziehen. Doch die DDR machte den Planern einen Strich durch die Rechnung und trieb immer mehr ihrer Bewohner in den Westen. Das Durchgangslager Unna-Massen wurde noch lange gebraucht und musste seine Kapazitäten sogar noch erweitern. Zwischenzeitlich lebten 2.700 Menschen in dieser Siedlung, die optisch ohne weiteres auch in der DDR gestanden haben könnte.

Wann immer Krisen und Kriege den Osten und Süden Europas erschütterten, hatte das Durchgangslager Hochkonjunktur. Das ursprünglich als Provisorium geplante Lager überdauerte die Milleniumswende und wurde erst 2009 außer Dienst genommen.

Seitdem steht es nahezu leer. Pläne für eine Neunutzung tauchen auf, sorgen für bunte Schlagzeilen und sind genauso schnell

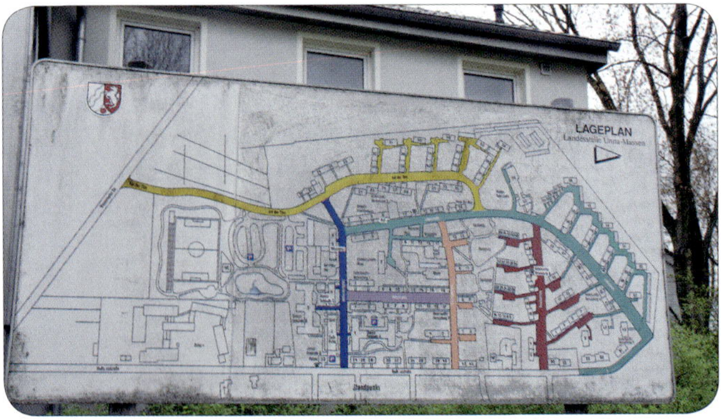

Lageplan des Durchgangslagers, Sesekestraße, Unna-Massen

wieder verschwunden. Universitätsstandort. Künstlersiedlung, Gesundheitscampus. Informations- und Gedenkstätte. Das schreit doch fast nach einem Ideen-Wettbewerb ...

Für alle Spurbreiten: Teststrecke im heutigen Van-Eupen-Wald, nahe Hövelstraße, Essen-Nordviertel

Krupp Teststrecke

Wo einst Lokomotiven Probe fuhren

Wenn man nördlich des Gewerbeparks *M1* durch das kleine Wäldchen läuft, das sich heute *Van-Eupen-Wald* nennt, kann es passieren, dass man abseits des Weges über alte Gleise stolpert. Mit ganz merkwürdigen Spurweiten, merkwürdigen Weichen und Rampen zu Brücken, auf denen ebenfalls Mehrfach-Gleise liegen.

Wer noch weiß, dass M1 nicht immer ein niegelnagelneuer Gewerbestandort war, sondern früher mal die Lokomotiv-Fabrikation von *Krupp*, wird auch wissen, dass er gerade über die ehemalige Krupp-Teststrecke läuft. Krupp baute von 1919 bis 1997 in Essen Lokomotiven, die in aller Herren Ländern Dienst tun mussten. Also brauchte es zum Probefahren auch allerlei Spurbreiten (1000 mm, 1067 mm, 1435 mm, 1676 mm) und Stromspannungen.

Zum Testgelände gehörte auch ein Lokschuppen mit Drehscheibe. Wo er einst stand, kann man heute noch erkennen. Aus der Luft (z.B. mit Google Earth) oder vor Ort. Und wer noch ein bisschen sucht, findet noch weitere stählerne Teststücke einer einst goldenen Lokomotiven-Produktion.

SOS

Unglücke und Katastrophen

Der Zweite Weltkrieg hatte dem Ruhrgebiet zigtausendfachen Tod, Zerstörung und Leid gebracht. Die Bombardements legten weite Teile unserer Heimat in Schutt und Asche. Nahezu alle Städte des Ruhrgebiets waren Ziel von Luftangriffen, die mit einem Schlag die Bevölkerung ganzer Straßenzüge und Stadtteile auslöschten. Allein in Duisburg starben in der Nacht zum 15. Oktober 1944 mehr als 2.500 Menschen durch die Bomben der Alliierten. Eine Woche zuvor hatte es Dortmund getroffen, wo in wenigen Stunden mehr als 1.100 Menschen ums Leben kamen. Bald folgten Bochum und Essen mit ähnlich schweren Schlägen. Der Kriegszeit des Ruhrgebiets sind bereits etliche Bücher gewidmet, so dass ich um Verständnis dafür bitte, die Kriegsereignisse an dieser Stelle nicht zu thematisieren.

8. Februar 1988: Abgestürzte Passagiermaschine in den Ruhrwiesen, nahe Ruhrtalbrücke und Mendener Straße, Essen-Kettwig (siehe Seite 98)

Das an Naturkatastrophen glücklicherweise sehr arme Ruhrgebiet hat allerdings für seinen Aufstieg zur Herzkammer eines früheren Fortschritts einen hohen Blutzoll zahlen müssen. Die rasante Industrialisierung forderte ihre zahlreichen Todesopfer vor allem auf den Zechen. Die Arbeit unter Tage gehört zu den gefährlichsten Berufen überhaupt. Und da es immer ein Kollektiv ist, das tief unten in der Grube malocht und aufeinander angewiesen ist, trifft es bei Unglücken unter Tage meist immer eine große Zahl Kumpels.

Vielen dieser Unglücke im Revier sind Orte und Monumente des Gedenkens gewidmet. Viele Opfer blieben aber auch namenlos. Und manche wurden gar vergessen. Ganz egal, ob es sich dabei um Unglücke mit vielen Toten oder um tragische Einzelschicksale handelt. Auch davon gibt es im Ruhrgebiet viele. Allen hier geschilderten Unglücken ist gemeinsam, dass sie einst die Menschen in ganz Deutschland und oft auch weit über die Grenzen hinaus bewegten.

Einziger Ausweg: die Flucht nach oben , Karl-Lehr-Straße, Duisburg

Die Loveparade in Duisburg

Todesfalle für Raver

SOS Als Berlin die Loveparade nicht mehr wollte, war das Ruhrgebiet zur Stelle, denn Millionenparties sorgen für freundliche Medienresonanz, junge Leute sind gut fürs angestaubte Image. Da nimmt man sogar mal 15 Stunden Techno in Kauf.

Die einst jährliche und aus einer Laune entstandene Dance-Party, angemeldet als politische Demo, war schon längst nicht mehr das, was sie in den ersten 10 Jahren nach dem Mauerfall für Berlin und die Raver-Welt mal war. Die Erfinder der Loveparade hatten sich zurückgezogen, der Besitzer einer Fitnesskette hatte das Ruder übernommen. Die Besucherzahlen waren von 1,5 Mio auf 500.000 gesunken, als das Ruhrgebiet zugriff und die Ausrichtung der Loveparade für die kommenden Jahre an immer verschiedenen Standorten zusagte.

Essen machte 2007 den Anfang, 2008 durften die Techno-Jünger dann in Dortmund auf der B 1 tanzen. Wider besseren Wissens stellte der Veranstalter *Rainer Schaller* Millionenzahlen an die Öffentlichkeit: 1,2 und 1,6 Mio Besucher sollen es in Essen und Dortmund gewesen sein. Etwa ein Drittel davon dürfte den Tatsachen entsprechen. 2009 hätte die Loveparade in Bochum stattfinden sollen. Im letzten Moment machten die Bochumer einen Rückzieher: zu viele Sicherheitsrisiken.

Am Tag nach der Katastrophe Spurensicherung durch die Kripo

Während noch ordentlich Häme über die Hasenfüße aus Bochum geschüttet wurde, wollte Duisburg 2010 zeigen, was geht: eine Party für Millionen – auf dem Areal eines ehemaligen Güterbahnhofs. Auch hier gab es warnende Stimmen und deutlich geäußerte Sicherheitsbedenken. Ohne nennenswertes Gehör.

Das Veranstaltungsgelände verfügte nur über einen einzigen Zugang, eine an ihrer engsten Stelle etwa 20 Meter breite Rampe, am Veranstaltungstag durch Zäune auf weniger als elf Meter verengt. Diese Rampe konnte man wiederum nur durch die ca. 400 Meter langen Tunnelröhren der *Karl-Lehr-Straße* erreichen. Die nördlichen Zugänge zum Veranstaltungsgelände blieben für die Besucher genauso versperrt wie der ebenfalls mögliche Weg über die gesperrte Autobahn *A 59*.

Während nun zigtausende junge Leute über die Rampe gequetscht, geschoben und gezogen wurden, herrschte auf dem Festivalgelände reichlich Platz. Statt der von Schaller angekündigten Millionen und mehr waren es wohl weniger als 300.000 Besucher, die die Loveparade bereits erreicht hatten. Nachmittags ab 15 Uhr bildeten sich erhebliche Rückstaus von Menschen, die auf das Gelände drängten. Und an der Rampe sammelten sich Leute, die das Gelände verlassen wollten. Die voraussehbare Katastrophe nahm ihren Anfang.

Als sich nach 16.15 Uhr dann wegen des Gedränges einige Polizeiketten zurückzogen, eskalierte der Druck innerhalb des Tunnels und vor der Rampe. Panik brach aus, und in dem nicht mehr zu kontrollierenden Andrang wurden 21 Besucher tödlich verletzt: erdrückt, überrannt, zerquetscht. Hunderte von Verletzten, traumatisierten Überlebenden und verzweifelten Angehörigen hielten die Helfer über Stunden in Atem.

Die Schuldfrage ist auch im Frühjahr 2012 noch nicht geklärt. War die Polizei nicht ausreichend ausgerüstet und verstärkt? Fehlten Funkgeräte und Frequenzen? War der nachmittägliche Schichtwechsel eine gefährliche Schwachstelle? Gab es seitens des Veranstalters Personalmangel und Kommunikationsmängel? Hätten die Wege und ihre Sicherung und damit die Loveparade an diesem Ort gar nicht genehmigt werden dürfen? Die Beteiligten beschuldigten sich gegenseitig, verweigerten eine Stellungnahme oder ließen entlastende Gutachten erstellen. Verantwortung wollte niemand übernehmen. In einer unsäglichen Pressekonferenz nach der Katastrophe verstieg sich Duisburgs Oberbürgermeister *Adolf Sauerland (CDU)* gar zur Schuldzuweisung an die Opfer. Die Duisburger Bürger zogen die Konsequenz und wählten Sauerland im Februar 2012 aus dem Amt – ein in der Bundesrepublik bislang einzigartiger Vorgang.

Die Schuldfrage wurde damit aber immer noch nicht geklärt. Ob und wann dies der Fall sein wird, ist nach wie vor offen. Die Ermittlungen werden voraussichtlich bis Ende 2012 dauern. Anklageerhebung: ungewiss.

Rettungskräfte im Einsatz unmittelbar nach der Massenpanik, Karl-Lehr-Straße, Duisburg

Eine falsch gestellte Weiche

Dortmunder Zugunglück fordert 15 Todesopfer

SOS Eine falsch gestellte Weiche und dichter Nebel waren am 18. Dezember 1954 die Ursachen für das bis dahin größte Eisenbahn-Unglück in Deutschland. 15 Menschen starben, weitere 34 Personen wurden bei der Frontalkollision zweier Züge schwer verletzt. Besonderes Glück im Unglück hatten 670 Kinder in dem Zug, der gerade in den Dortmunder Hauptbahnhof einfahren wollte. Der Lokführer hatte seine Geschwindigkeit bereits auf etwa 20 km/h gedrosselt, als ein Personenzug in Richtung Hamm durch eine falsche Weichenstellung auf Kollisionskurs entgegen kam. Etwa 800 Meter östlich des Bahnhofs stießen die Lokomotiven der beiden Züge zusammen. Die Waggons mit den Kindern, die von einem Kuraufenthalt an der Nordsee in ihre Heimat zurückfuhren, waren moderne Stahlkonstruktionen, die dem Aufprall standhielten.

Die Passagiere des ausfahrenden Zuges hatten weniger Glück: Die Waggons unmittelbar hinter der Lokomotive schoben sich zusammen, zerbarsten und verkeilten sich ineinander. In den Trümmern starben vor allem Pendler auf ihrem Weg zur Arbeit. Etliche Dortmunder waren Ohrenzeugen des Unglücks, das sich bei dichtem Nebel und Dunkelheit gegen 6.30 Uhr ereignete. Zusammen mit den alarmierten Rettungskräften halfen auch Privatleute mit ihren Lampen, Werkzeugen und Autos mit, Opfer zu bergen und Verletzte in die Krankenhäuser zu bringen.

Beide Züge fuhren aufgrund des schlechten Wetters nicht planmäßig. Der aus Westerland (Sylt) kommende Kinder-Sonderzug hatte etwa eine Stunde Verspätung, der nach Hamm fahrende Zug verließ den Dortmunder Hauptbahnhof ebenfalls mit Verspätung. Auf seiner Strecke war bis in die frühen Morgenstunden noch gearbeitet worden. Nachdem die Baustelle geräumt war, wurde das Gleis zwar freigegeben, eine Weiche blieb aber in falscher Stellung. Als man im Dortmunder Stellwerk und in der Lok des Unglückszuges den Fehler erkannte, war es aber für Ausweich- oder Bremsmanöver zu spät.

Unglücksort etwa zwischen Bornstraße und Gronaustraße, 44145 Dortmund

Tragischer Rekordversuch im Baldeneysee

Ruth Litzig schwimmt sich zu Tode

Ruth Litzig war das erste Todesopfer im Baldeneysee. 1933, kurz nach Einweihung des Sees, sollte hier ein „Event“ stattfinden, das die 19-jährige Hernerin weltweit bekannt machen sollte. Es endete in einer Katastrophe. Unter den Augen Tausender Zuschauer schwamm Ruth Litzig in den Tod.

Die Kaufmannstochter hatte bereits 1932 einen Rekord im Rhein-Herne-Kanal im Dauerschwimmen aufgestellt, einer zu dieser Zeit ungemein populären, aber sportlich natürlich inoffiziellen Disziplin. Länger als 70 Stunden war Ruth Litzig dabei im Wasser. Der Rekord war aber bald in Gefahr, Schwimmerinnen in England und Australien wollten den Rekord der Hernerin einstellen.

Ihr Verlobter Albert Hessler, ein strammer Nazi, unterstützte Ruth Litzig bei ihrem Vorhaben, den eigenen Rekord auf 100 Stunden hochzuschrauben und damit unerreichbar zu machen. Die Schwimmerin sollte mit ihrem Vorhaben Sinnbild für Kraft, Zähigkeit und Durchhaltevermögen arischer Volksgenossinnen werden. Was sich natürlich vor der Kulisse des jungfräulichen Baldeneysees besser machte als im Rhein-Herne-Kanal.

Für den Rekordversuch wurde eine Bucht am Hardenbergufer ausgeguckt – später im Volksmund *„Ruth-Litzig-Bucht“* genannt. Hessler organisierte das Spektakel. Tribünen und ein Restaurationszelt wurden aufgebaut, Hakenkreuzfähnchen schmückten das Ufer und Kapellen spielten auf zum Tanz. Die Besucher strömten in Scharen herbei, Sonderbusse brachten die Litzig-Fans aus Herne an den Baldeneysee.

Am Freitagmorgen des 18. August gab Hernes Oberbürgermeister Albert Meister den Startschuss. Ruth Litzig stieg ins Wasser und schwamm. Zur Stärkung wurden ihr alle zwei Stunden Karamellen und Haferflocken gereicht. Das Geheimnis ihrer Ausdauer aber sollen Energie-Tabletten gewesen sein, wie die *„Herner Zeitung“* berichtete. Die 19-Jährige schwamm, begleitet von Marschmusik und Walzerweisen, nachts unter Blinkfeuer vom Seeufer, angefeuert von einem Publikum in bester Stimmung.

Es wurde Samstag und es wurde Sonntag. Die Party lief nonstop und Litzig schwamm und schwamm. Der angepeilte Rekord war noch in weiter Ferne, als sie schließlich nach 79 Stunden im Wasser am Sonntagabend völlig entkräftet aus dem Wasser gehoben wurde. Schon Stunden zuvor hatte sie darum gefleht, aufhören zu dür-

Ruth Litzig im Baldeneysee, nahe Harnscheidts Höfe, Essen-Werden

fen. Ihr Körper war aufgedunsen, das Gesicht verzerrt und geschwollen. Ruth Litzig wurde ins Krankenhaus eingeliefert, bereits bewusstlos. Dem Chefarzt soll die Mutter der 19-Jährigen gesagt haben: *„Hier bringe ich Ihnen die beste Schwimmerin der Welt!“* Der Mediziner soll geantwortet haben: *„Nein, Sie bringen mir eine Sterbende.“*

40 Stunden kämpften die Ärzte um das Leben der Schwimmerin. Vergeblich: Ruth Litzig starb an Herzversagen. Die Spekulationen über die Ursache ihres Todes füllten in den Folgetagen die Zeitungsseiten: Hatte die schlechte Wasserqualität zum tragischen Tod beigetragen? Oder waren es „Hautfunktionsstörungen“, „Muskel- oder Ermüdungsgifte“ oder gar ein zu schwaches Herz? Obwohl durch eine dicke Vaselineschicht geschützt, soll Litzigs Körper stark unterkühlt gewesen sein. Oder hatte die Vaselineschicht die Hautatmung blockiert, sodass Ruth Litzig innerlich vergiftet wurde?

Vor dem Krankenhaus versammelte sich eine Menschenmenge, die ihre Empörung über den wahnwitzigen Rekordversuch zum Ausdruck brachte. Hatte der ehrgeizige Verlobte Ruth Litzig in den Tod getrieben, wie es später heißen soll? Unschuldig waren auch die Zeitungen nicht: So wurde der Fall Ruth Litzig ebenso zu einem bitteren Lehrstück über Journalismus, über den Umgang mit sportlichen Höchstleistungen und vermeintlichen Sensationen. Was auch heute (leider) noch nicht an Aktualität verloren hat.

Die tragische Geschichte von Ruth Litzig hat der Autor *Jürgen Lodemann* für seinen Roman *Essen Viehofer Platz* adaptiert. Zwar wurden der Name und einige Details geändert, weitgehend aber hielt sich der Autor an die tatsächlichen Ereignisse des Augusts 1933.

Flugzeugabsturz nach Blitzschlag

21 Tote am Essener Ruhrufer

SOS In den frühen Morgenstunden des 8. Februar 1988 wurden Hunderte Kettwiger Bürger Augen- und Ohrenzeugen eines Dramas am Himmel, das tödlich endete. Das Wetter war übel und eine dichte Gewitterfront zog über das Ruhrgebiet, als sich eine zweimotorige *Fairchild Metro* im Landeanflug auf Düsseldorf befand. Die Maschine mit 19 Passagieren an Bord kam aus Hannover als planmäßiger Zubringerflug des *Nürnberger Flug Dienstes (NFD)*. Im Cockpit diskutierten der 36-jährige Flugzeugführer und seine 29-jährige Co-Pilotin die Wetterlage, verzichteten aber auf eine von der Flugleitung Düsseldorf angebotene Alternativroute und blieben im Instrumentenanflug auf dem ursprünglichen Kurs.

Wie Experten später rekonstruierten, muss es wohl ein Blitz gewesen sein, der in das Flugzeug einschlug und offenbar die gesamte Elektrik lahmlegte. Ein ausgesprochen seltener Unglücksfall, denn die Hülle eines Flugzeuges wirkt eigentlich wie ein Faradayscher Käfig, der Blitzschläge absorbiert. Im Himmel über Essen wurde die Fairchild von einer Sekunde auf die andere nahezu manövrierunfähig. Die Besatzung hatte weder Zeit, die Störungen an die Bodenstelle zu melden noch das Notstromsystem in Gang zu setzen.

Mehr als 50 Augenzeugen berichteten später, dass die Maschine unter die Wolkendecke sank, steil hochzog und wieder in den Gewitterwolken verschwand. Kurz darauf tauchte sie mit geändertem Kurs wieder auf, zog abermals hoch, um dann abzukippen und um die Längsachse trudelnd in den Kettwiger Ruhrauen aufzuschlagen. Niemand der 21 Menschen an Bord überlebte den Absturz.

Der 82-seitige Untersuchungsbericht des Luftfahrtbundesamtes steht im Internet. Auf der Site *www.bfu-web.de* unter dem Suchbegriff SA 227-AC. (Foto: siehe Seiten 90/91)

Michael Holzach

Der Autor ertrinkt beim Versuch, seinen Hund zu retten

SOS Das Ruhrgebiet kannte Michael Holzach gut: Neun Semester hatte er in Bochum studiert und dann eine Weile bei der *Westfälischen Rundschau* in Dortmund gearbeitet, bevor er nach Hamburg ging, wo er nicht nur Reportagen

Auf Wanderschaft: Michael Holzach mit seinem Hund Feldmann

für die *ZEIT*, *Geo* und andere Magazine schrieb, sondern auch Bücher. Holzachs zweites wurde gleich ein Bestseller: *„Deutschland umsonst"* hatte er hart erwandert. Ein Jahr ohne einen Pfennig in der Tasche, allein mit seinem Hund Feldmann unterwegs, quer durchs Land. Auch durchs Ruhrgebiet, wo er an der Emscher langwanderte und manche Nacht draußen verbrachte.

Holzachs Aussteigerreportage sollte bald nach Erscheinen verfilmt werden. Gemeinsam mit der Regisseurin des geplanten Films ging der Autor am 21. April 1983 noch einmal auf Motivsuche für das Projekt. In Dortmund wollte er ihr eine Stelle zeigen, an der er während seiner Wanderung die Kloake auf einem alten Balken überquert hatte. Auch bei der Ortsbesichtigung mit der Regisseurin war Holzachs Hund Feldmann dabei. Als dieser in die Emscher rutschte, zögerte Holzach keine Sekunde und sprang hinterher, um seinen Hund zu retten. Später wurde rekonstruiert, dass der geübte Schwimmer mit seinem Kopf gegen einen Brückenpfeiler geprallt sein musste. Während die Feuerwehr den Hund aus der Emscher ziehen konnte, kam für Michael Holzach jede Hilfe zu spät.

Als er endlich geborgen wurde, fand man noch einen weiteren Toten: einen seit Tagen vermissten 40-Jährigen. Nach Michael Holzach wurde später eine Straße benannt. Diese allerdings liegt weit vom Unglücksort entfernt in Mengede. Holzachs sehr lesenswertes Buch ist als Taschenbuch immer noch erhältlich.

Unglücksstelle nahe Dorstfelder Allee, 44149 Dortmund-Dorstfeld
Michael-Holzach-Weg, 44359 Dortmund-Mengede

In den Farben der Partei: Möllemann bei einem Absprung über dem Rhein

Jürgen W. Möllemann

Rätselhafter Sprung in den Tod

SOS

Am 5. Juni 2003 machte die Presse ganz fette Beute: Der Tod Jürgen W. Möllemanns vereinte die ganze Bandbreite vom jüngsten Ärgernis (Möllemanns zunehmenden antisemitischen Äußerungen) bis zurück zu Aufstieg und Fall des politischen Überfliegers. Wir erinnern uns: Jürgen W. Möllemann war im Kabinett Kohl nicht nur Bildungs- (1987-91) sondern auch Wirtschaftsminster (1991-93) und zuletzt gar noch ein halbes Jahr Vizekanzler.

Seinen Rücktritt und Rückzug hatte er selbst verbockt: mit einem Empfehlungsschreiben für Produkte seines Schwipp-Schwagers auf Minister-Briefkopf. Naja, ein Möllemann traute sich das. Und ein Möllemann traute sich einige Jahre später auch, zu Gunsten seiner FDP gegen das Parteiengesetz zu verstoßen.

Was aber nicht den gewünschten Effekt brachte, denn zuletzt saßen ihm die Fahnder im Nacken und durchräumten sein Haus, unmittelbar nachdem der Bundestag die Aufhebung der Immunität für Möllemann beschlossen hatte. In den selben Minuten befand sich Möllemann bereits in der Luft: Gemeinsam mit einer Gruppe Sportkameraden bereitete er sich auf den Ausstieg in etwas über 4.000 Metern Höhe vor. Allerdings hatte sich Möllemann vor dem Start an einem gegenseiten Check vorbeigemogelt. Auch eine Formation wollte er nicht mitspringen.

Stattdessen stieg er allein aus dem Flugzeug und öffnete den Hauptschirm. In etwa 600 Metern Höhe warf Möllemann den Hauptschirm aber ab und schlug keine 20 Sekunden später ungebremst mit fast 400 km/h auf einen Acker, 300 Meter vom Flughafengelände entfernt. Unmittelbar nach seinem Tod überschlugen sich die Spekulationen: Unfall? Selbstmord? Gar Mord? Tatsache war, dass die Notfallautomatik des Reserveschirms, die selbst einen Bewusstlosen sicher auf den Boden bringen würde, deaktiviert war. Und fest steht auch, dass sich Möllemann gerade ein Glas Wasser holte, während die anderen gegenseitig ihre Ausrüstungen überprüften. Ein unter Springern absolut gängiger Check.

In der Folgezeit wurden, vor allem im Internet, alle möglichen Verschwörungstheorien diskutiert. Selbst als vier Jahre nach dem tödlichen Sturz ein Video auftauchte, das die Annahme vom Selbstmord Möllemanns untermauerte. In dem Video ließen unmittelbar nach dem Sprung einige seiner Fallschirmfreunde keinen Zweifel an der Selbsttötung Möllemanns. Die Verschwörungsdiskussionen beendete dieses Video aber keineswegs. Und so wird auch heute noch spekuliert, ob nicht gar der israelische Geheimdienst Mossad wegen Möllemanns antisemitischer Äußerungen die Hand im Spiel gehabt haben könnte.

Vielleicht hatte Möllemann selbst aber schon vor seinem Tod einen entscheidenden Hinweis gegeben. Vor laufender Kamera sagte er als Gast bei Sabine Christiansen: *„Wenn man einen Punkt erreicht, an dem es nicht mehr geht, dann muss man sich auch verabschieden können."*

Beamte der Spurensicherung untersuchen die Absturzstelle nahe der Hülsstraße, Marl-Hüls

Roburit, Witten

Eine Sprengstofffabrik fliegt in die Luft

SOS Man mag es kaum glauben, aber mitten in Witten wurde früher Sprengstoff hergestellt. Keine kleinen Mengen, wie es damals eigentlich auch schon Vorschrift war, sondern tonnenweise. Schließlich handelte es sich bei dem Produkt des Roburit-Werkes um einen Sicherheitssprengstoff. Roburit war erst 20 Jahre zuvor erfunden worden und hatte sich vor allem im Bergbau sehr schnell einen untadeligen Ruf verschafft: Eine unbeabsichtigte Explosion war ausgeschlossen – erst mit einem Zünder konnte Roburit zur Sprengung genutzt werden. Dachte man. Und ließ alle Sicherheitsvorkehrungen schleifen. Die Fabrik, anfangs in einem Steinbruch am Rande Wittens gelegen, war bald von Wohnhäusern umgeben. Der Steinbruch wurde nach und nach abgetragen und explosive Stoffe lagerten in unzureichenden, teils hölzernen Gebäuden.

Das Vertrauen in Roburit war so groß, dass am 28. November 1906 das Personal auf einen Brand und eine kleine Explosion zunächst unzureichend reagierte. Etliche Schaulustige, darunter viele Jugendliche, kamen zur Fabrik, die – sorglos wie man war – nicht weiträumig abgesperrt wurde. Herumfliegende brennende Teile setzten dann weitere Bereiche der Fabrikanlagen in Brand. Als dann das Lager explodierte, war die Detonation bis Kassel und Minden zu hören. 41 Menschen starben, vor allem Helfer, Feuerwehrleute und Schaulustige. Über 200 wurden verletzt. 2.000 Wittener waren obdachlos, Gebäudeschäden wurden in der ganzen Stadt festgestellt. Selbst in Dortmund, am Westenhellweg, gingen noch Schaufensterscheiben zu Bruch.

Die Experten standen zunächst vor einem Rätsel. Bislang hatte sich Roburit noch nie selbst entzündet. Beim Anmischen des Sprengstoffes, so wusste man, waren zwar Selbstzündungen möglich. Sobald aber die Substanz abkühlte, war dies noch nie passiert. Bis zu jenem Novemberabend 1906 in Witten.

Während die Großkopferten bereits darüber diskutierten, ob man die Fabrik wieder aufbauen solle, erlebten die Betroffenen den nächsten Schock: Die Versicherungen verweigerten die Schadensregulierung, da es sich nach ihrer Auffassung um eine Explosion und nicht um einen Brand und dessen Folgen handelte. Nicht nur die Wittener Bürger empörten sich, Zeitungen lieferten Schlagzeilen. Die Luft wurde so dick, dass schließlich die Ruhrindustrie und der Kaiser höchstselbst eine Spendensammlung für die Opfer unterstützten. Was aber auch nicht viel nützte, denn die Spenden reichten gerade mal aus, etwa ein Fünftel der entstandenen Schäden zu beheben.

Postkarte von der Unglücksstelle nahe der heutigen Roburitstraße, Witten

Weit über 100.000 Menschen sollen es schließlich gewesen sein, die als Schaulustige innerhalb von drei Wochen nach Witten pilgerten. Etliche Fotografen dokumentierten die Verwüstungen für Zeitungen und Postkarten, die bald nach dem Unglück auf den Markt kamen. Noch in der Unglücksnacht hatten die ersten Verlage telegrafisch bei ortsansässigen Fotografen Katastrophenbilder bestellt.

Von der Fabrik und dem Steinbruch ist nichts mehr übrig geblieben. Nur die Straße behielt weiter ihren Namen: Roburitstraße.

Bruchlandung auf der A 52, nahe Anschlussstelle Essen-Haarzopf

Bruchlandung auf der A 52

Benzinmangel mit verheerenden Folgen

Eigentlich sollte der Flug auf dem Platz Essen/Mülheim enden. Stattdessen gab es am 26.11.2006 eine Bruchlandung auf der gegen 16 Uhr stark befahrenen Autobahn A 52. Die zweimotorige *Piper*, mit Pilot und zwei weiblichen Fluggästen an Bord, befand sich bereits im Landeanflug, als sich der Pilot zu einer Notlandung auf der A 52 entschied. Dabei touchierte das Flugzeug eine Brücke und schlug auf die Fahrbahn Richtung Bochum. Ein Pkw-Fahrer wurde von dem Wrack mitgerissen. Zwei weitere Autos wurden ebenfalls in die Bruchlandung verwickelt.

Ein geistesgegenwärtiger Lkw-Fahrer konnte rechtzeitig bremsen und einen Brand im Flugzeugwrack mit zwei Pulverlöschern ersticken. Die sowohl aus Mülheim wie aus Essen herbeigeeilten Helfer bargen die beiden schwer verletzten Frauen aus dem Flugzeug. Fünf weitere Personen wurden leicht verletzt, der Sachschaden wurde auf 350.000 EUR taxiert. Als Ursache wurde Treibstoffmangel festgestellt. Den hatte der Pilot schon in Dortmund bemerkt, verzichtete aber auf eine Zwischenlandung zum Nachtanken. Fatalerweise, denn als die Piper über die A 52 segelte, standen ihre Motoren schon eine Weile still.

Dass der Sprit möglicherweise nicht für die gesamte Strecke von Berlin nach Essen reichen könnte, hatte der Pilot schon vor dem Start gewusst. So ließ er die Maschine nicht volltanken, weil er nicht genügend Geld mitgenommen und seine Kreditkarte vergessen hatte. Das Essener Gericht wertete das Verhalten des 46-jährigen Piloten als fahrlässige Gefährdung des Luftraumes und fahrlässige Körperverletzung. Ergebnis: ein Jahr und drei Monate Haft auf Bewährung plus Geldauflage von 20.000 EUR. Er müsse Heerscharen von Schutzengeln gehabt haben, meinte das Gericht. Der Verurteilte sah es anders und attestierte sich „ein gewisses fliegerisches Können".

Bungeeseil gerissen

Todessturz vom Florian

SOS Seit Juli 2000 hatte Dortmund eine weitere Attraktion im Westfalenpark, die Neugierige aus ganz Deutschland und den Nachbarländern anzog: den Bungeesprung vom Westfalenturm, kurz *Florian* genannt. Von einer Rampe in 150 Metern Höhe stürzten sich abenteuerlustige Besucher an einem Gummiseil hängend in die Tiefe. Tausende von Sprüngen sorgten in den folgenden Jahren immer wieder für Nervenkitzel und für eine gute Rendite der Anlage, die von der Event-Firma des ehemaligen Stuntman *Jochen Schweizer* betrieben wurde.

Am 20. Juli 2003 passierte dann etwas, das nach Ansicht vieler Fachleute unmöglich hätte passieren dürfen: Das Gummiseil riss in Bodennähe. Der Springer, ein 31-jähriger Mann aus Mainz, schlug neben dem Sprungkissen auf den Boden. Seine Freundin und zahlreiche Besucher mussten den Todessturz mit ansehen. Nach langwierigen Untersuchungen und Ermittlungen wurde festgestellt, dass Jochen Schweizer und seine Crew alle Sorgfaltspflichten erfüllt sowie alle Prüfintervalle für das Seil eingehalten hatten. Das Verfahren wurde Jahre später eingestellt. Die Ursache des tödlichen Unfalls ist nach wie vor unbekannt. Die Anlage in Dortmund wurde nie wieder in Betrieb genommen und 2008 schließlich abgebaut.

Übrigens: Bungeespringen kann man bei Jochen Schweizer nach wie vor. In etlichen Städten betreibt seine Firma Sprunganlagen. Auch im Ruhrgebiet kann man noch springen: In Duisburg an der Regattastrecke kann man sich von einem Kranausleger 50 Meter in die Tiefe stürzen.

Florianturm, 44139 Dortmund

Zeche Monopol/Grimberg 1946: Retter haben einen toten Kameraden geborgen, links Mitglieder der britischen Besatzungstruppen

Grubenunglücke im Ruhrgebiet

SOS Die Arbeit der Bergleute unter Tage war und ist eine äußerst gefährliche Angelegenheit. Immer wieder kam es in der mehr als 200-jährigen Geschichte des Steinkohle-Tiefbaus im Ruhrgebiet zu tödlichen Unfällen und Unglücken, die eine Vielzahl von Opfern forderten. Mehr als 5.165 Tote sind zu beklagen, die Statistiken listen mehr als 400 Katastrophen und Unglücksfälle auf, bei denen Bergleute im Ruhrgebiet ihr Leben ließen. An vielen Orten erinnern Gedenkstätten an die verunglückten Bergleute. Dies waren die größten Einzelunglücke in der Geschichte des Ruhr-Bergbaus:

Zeche Monopol Schacht Grimberg

Bergkamen 20. 2. 1946 405 Tote

Das schwerste Grubenunglück Deutschlands kostete 405 Bergleute ihr Leben. In 930 Metern Tiefe kam es zu einer gewaltigen Explosion, deren Druckwelle sogar über Tage Opfer forderte. Ob es sich bei der Detonation um eine Schlagwetter- oder Kohlenstaubexplosion handelte, konnte nie geklärt werden. Vieles spricht jedoch dafür, dass große Mengen an Kohlenstaub ursächlich für die Katastrophe waren. Nur 64 Bergleute konnten aus der Unglücksgrube gerettet werden. Als letzter überlebender Bergmann wurde Friedrich Hägerling 30 Stunden nach dem Unglück aus der Tiefe geborgen.

Bizarrerweise musste sich Hägerling später vor der britischen Militärverwaltung verantworten, die ihm vorwarf, sich vor der Arbeit gedrückt und und nur deshalb überlebt zu haben. Dem Bergmann gelang es aber, die Kommission von seiner Unschuld zu überzeugen.

Denkmal auf dem Friedhof „Am Südhang"

Zeche Radbod

Hamm (Bockum-Hövel) 2. 11. 1908 349 Tote

Das bis zu diesem Zeitpunkt schwerste Grubenunglück des deutschen Steinkohlebergbaus wurde durch eine Schlagwetter-Explosion auf der dritten Sohle ausgelöst. Nahezu die komplette Nachtschicht wurde Opfer des Unglücks. Aufgrund der Brände musste die Grube geflutet werden. Erst ein Jahr später konnte die Förderung wieder aufgenommen werden. Als Konsequenz aus dieser Katastrophe wurden die Benzinlampen abgeschafft und durch elektrisches Geleucht ersetzt.

Gedenkstätte auf dem Ehrenfriedhof in Hövel

Gelsenkirchen: Trauerfeier für die Opfer des Unglücks auf der Zeche Dahlbusch vom 20. Mai 1950

Zeche Sachsen

Hamm | 3. 4. 1944 | 169 Tote

Eine Schlagwetterexplosion auf der dritten Sohle forderte 169 Tote, darunter 113 russische Kriegsgefangene.

Denkmal für die Opfer dieses Unglücks wurde 1986 entfernt

Zeche Minister Stein

Dortmund | 11. 2. 1925 | 136 Tote

Am 11. Februar 1925 kamen bei einer Schlagwetterexplosion 136 Bergleute ums Leben. Nur acht Bergleute überlebten.

Denkmal auf dem Gelände der ehemaligen Zeche sowie Gedenkstätte auf dem Nordfriedhof

Zeche Carolinenglück

Bochum | 17. 2. 1898 | 116 Tote

116 Bergleute ließen im Februar 1898 auf der Zeche Carolinenglück ihr Leben. Ursache war eine Kohlenstaubexplosion.

Gedenkstein auf dem Kommunalfriedhof Bochum-Hamme

Zeche Lothringen

Bochum | 8. 8. 1912 | 114 (115) Tote

Eine Schlagwetterexplosion in 350 Metern Tiefe forderte 114 Todesopfer (andere Quellen: 115 Tote). Kaiser Wilhelm II, der zu den Feierlichkeiten „100 Jahre Krupp" im Ruhrgebiet weilte, fuhr nach Bochum, um den Angehörigen der Opfer zu kondolieren.

Denkmal auf dem Friedhof Bochum-Gerthe

Zeche Monopol

Bergkamen | 11. 9. 1944 | 107 Tote

Bereits anderthalb Jahre vor der größten Katastrophe des Ruhr-Bergbaus war die Zeche Monopol Schacht Grimberg 3/4 Schauplatz eines Grubenunglücks mit 107 Toten. Die Opfer waren zum größten Teil russische Zwangsarbeiter.

Zeche Hansa

Dortmund | 16. 3. 1944 | 94 Tote

94 Tote (andere Quellen 95 Opfer) forderte eine Schlagwetterexplosion im März 1944.

Gedenkstätte auf dem Kommunalfriedhof Dortmund-Huckarde

Gelsenkirchen: Beisetzung der Opfer des Unglücks auf der Zeche Dahlbusch vom 20. Mai 1950

Zeche Mont Cenis

Herne 20. 6. 1921 85 Tote

Durch den eigentlich verbotenen Einsatz von Dynamit bei Sprengungen in der Kohle wurde eine verheerende Explosion ausgelöst, die 85 Todesopfer forderte.

Gedenkstätte auf dem Friedhof Herne-Holthausen

Bergwerk Neu-Iserlohn

Bochum-Langendreer 15. 1. 1868 81 Tote

Eine der frühesten Katastrophen des Ruhrbergbaus mit 81 Toten (andere Quellen: 101 Opfer) ereignete sich 1868 bei Langendreer.

Gedenkstätte auf dem ev. Friedhof in Bochum-Langendreer

Zeche Dahlbusch

Gelsenkirchen 20. 5. 1950 78 Tote

Gleich drei Unglücke brachten die Zeche Dahlbusch in den 1950er Jahren in die Schlagzeilen. Im Mai 1950 forderte eine Schlagwetterexplosion 78 Todesopfer. Fünf Jahre später starben bei einem Grubenbrand 42 Bergleute. Ebenfalls 1955 wurden drei Bergleute verschüttet. Sie konnten mit Hilfe eines neu konstruierten Rettungsgeräts *(„Dahlbusch-Bombe“)* durch einen schmalen Schacht geborgen werden.

Denkmal auf dem Friedhof an der Hilgenboomstraße

Dichtung und Wahrheit

In den letzten Jahrzehnten ist im Ruhrgebiet eine Menge passiert. Manches wurde dabei auf den Kopf gestellt und ordentlich durchgeschüttelt. Da kam nicht jeder Chronist ordentlich mit. Einige Notizen sind hastig zusammengekritzelt. Da kann schon mal was durcheinander geraten.

Aber nicht nur die Medien haben Schuld. Eigene Erinnerungen verblassen im Laufe der Jahre und werden gemixt mit reichlich Hörensagen. Bis die eigene Erinnerung felsenfest aufs Hörensa-

Bramme von Richard Serra auf der Schurenbachhalde, Essen-Altenessen-Nord (siehe folgende Seite)

gen schwören will. Legenden entwickeln manchmal eine Anziehungskraft, der man kaum entrinnen kann.

Aber nicht nur zufällige Entwicklungen sind für Legendenbildungen verantwortlich. Manche wurde generalstabsmäßig geplant und lanciert. Wenn die Kampagne originell genug ist, fahren viele darauf ab. Und wenn die Medien drauf einsteigen, bekommt die Sache ja sowieso eine Eigendynamik (siehe oben).

Aber ist es nicht egal ob Dichtung oder Wahrheit? Eine gut erzählte Legende macht doch auch Spaß! Wer dennoch wissen möchte, wie es wirklich war (und ist): Bitteschön, hier sind ein paar All-Time-Klassiker.

Bramme auf der Schurenbachhalde, Essen

Symbol für Schwermetall aus dem Ruhrgebiet?

Die ersten 100 Tonnen Ruhrgebiet-Stahl hatte der amerikanische Bildhauer *Richard Serra* 1979 in Bochum abgestellt: Das *Terminal* schräg gegenüber dem Hauptbahnhof besteht aus vier Stahlplatten, je 12 Meter hoch, raffiniert hochkant über Eck gestellt und miteinander verschweißt. Der *Thyssen-Stahl*, gegossen und in Form gewalzt auf der *Henrichshütte* in Hattingen, sorgte jahrelang für heftige Diskussionen nicht nur in Bochum.

Serras zweite unübersehbare Plastik war schon willkommener: wieder aus Stahl, noch ein wenig höher, 14,5 Meter, 67 Tonnen schwer, leicht geneigt und noch sichtbarer auf der 88 Meter hohen Schurenbachhalde in Essen. Vom offiziellen Ruhrgebiet schon als „Landmarke" einkassiert. Als *„ein Symbol für das Ruhrgebiet und seine Kohle- und Stahlindustrie"*, wie es der Künstler selbst formulierte. Was dort aber auf dem kahlen Haldenplateau steht, ist nicht von hier, sondern Walzstahl aus Frankreich. Schon 1997 konnte niemand im Ruhrgebiet mehr eine solche Platte fertigen. *Creusot-Loire-Industries* statt *ThyssenKrupp*.

Deutsches Bergbaumuseum, Bochum

Eine ehemalige Zeche wird zum Besuchermagnet?

Von weitem schon sichtbar und ein Wahrzeichen der Stadt ist das Fördergerüst des Deutschen Bergbaumuseums in Bochum. Kennt (fast) jeder. Aber wie hieß eigentlich die Zeche, die hier früher mal stand? Gar nicht, denn hier stand nie eine Zeche. Bochum hatte zu Hoch-Zeiten zwar einige Dutzend Zechen – aber keine stand dort, wo heute die Reisebusse mit Besuchergruppen parken.

Das Bergbaumuseum wurde 1930 auf dem Gelände eines ehemaligen Schlachthofs eingerichtet. Die erste Ausstellungshalle war zuvor eine *Großviehschlachthalle*. Noch vor dem Krieg kamen neue Gebäude sowie das Anschauungsbergwerk hinzu, das in den folgenden Kriegsjahren „praktischerweise" zu einem Luftschutzbunker umgebaut wurde.

Deutsches Bergbaumuseum, Bochum

Nach massiven Kriegsschäden musste in den 1950er und 1960er Jahren wieder aufgebaut werden, und 1975 wurde das Ensemble mit einem Fördergerüst komplettiert, das ausgerechnet aus der schwarz-gelben Nachbarstadt stammte. Das Gerüst der Dortmunder Zeche *Germania* machte aber in Bochum eine so gute Figur, dass man ihm seine Herkunft verzieh, sie bald vergaß und den Hinzukömmling schnell als sein ureigenes Wahrzeichen tief ins blauweiße Herz schloss. Stand das Gerüst nicht eigentlich immer schon da?!?

Solino, Duisburg

Erste Pizzeria im Ruhrgebiet?

Das war doch *„Solino"* in Duisburg – oder nicht? Nein, Solino war nicht die erste Pizzeria im Ruhrgebiet, Solino ist ein Film von Fatih Akin. Die erste Pizzeria des Ruhrgebiets eröffnete *Pino Toma* aus Lecce bereits 1966. Nicht in Duisburg, sondern in Oberhausen, in direkter Nachbarschaft zum Theater. Dort servierte er seinen Gästen verschiedene Köstlichkeiten aus seiner Heimat, darunter natürlich auch die bis dahin im Ruhrgebiet völlig unbekannten Pizzen.

Den Pionier *„Zum Pino"* gibt es heute nicht mehr. Die heutige Pizzeria „Da Pino" in Sterkrade hat nichts mit dem Pizza-Pionier zu tun. Aber es gibt eine Verbindung von Pino zu Solino: Die Schwiegertochter von Pino Toma hatte nicht nur seinen Sohn Sebastiano geheiratet und mit diesem das Zelttheater „Fliegende Bauten" gegründet. Ruth Toma ist auch Drehbuchautorin – und hat die Vorlage für Fatih Akins Film geschrieben. Nach den Erinnerungen ihres Mannes und ihrer Schwiegereltern.

Zeche Zollverein XII, Essen

Weltkulturerbe dank gemeinsamer Anstrengungen?

Wir dürfen stolz sein: Zollverein XII strahlt weit über die Grenzen des Ruhrgebiets. Immer noch die wahrscheinlich schönste Zeche der Welt. Besucher aus aller Herren Länder. Die ganze Geschichte und Erinnerung des Ruhrgebiets in seinen Mauern. Welterbe, ganz zu Recht. Ganz besonders stolz sind Politiker, Mandats- und Würdenträger, Macher und Entscheider. Stolz auf Zollverein, stolz darauf, dass es damals in gemeinsamer Anstrengung gelungen ist, dieses schöne Stück Industriegeschichte zu erhalten.

In Wirklichkeit war alles ein wenig anders. Im Jahr 1986 wurde die Zeche stillgelegt. Die *Ruhrkohle AG* wollte die gesamte Anlage abreißen und das Gelände planieren lassen. „Prima", frohlockten Stadtverwaltung und Lokalpolitiker: ein idealer Standort für neue Gewerbeansiedlung und/oder Einkaufsflächen. Während man emsig diskutierte, was Essen denn nun nötiger bräuchte, Gewerbe- oder Einkaufsfläche, blieben die wenigen Stimmen, die sich für einen Erhalt der Zeche aussprachen, nahezu ungehört.

Bevor aber die Abrissbagger anrollen konnten, passierte etwas, das sonst nur äußerst selten geschieht: Die Landesregierung mischte sich ein. In Persona von *Christoph Zöpel*, dem damaligen NRW-Bauminister. Der Sozialdemokrat war gänzlich anderer Ansicht als seine Essener Parteigenossen. Das Land NRW kaufte der Ruhrkohle AG das gesamte Gelände ab und stellte die Anlage vorläufig unter Denkmalschutz. Die ordentliche Eintragung in die Denkmalliste folgte bald darauf und der unaufhaltsame zweite Aufstieg der einstigen Musterzeche begann. Heute hat dieser Erfolg natürlich ganz viele Väter. Und Mütter …

Weihnachtsmarkt, Hansaplatz, Dortmund

Weihnachtsmarkt, Dortmund

Der mit dem größten Weihnachtsbaum der Welt?

Fakt ist, dass der Dortmunder Riesenbaum ein künstlicher ist: 1.700 Fichten werden mittels eines 45 Meter hohen Gerüstes zu einem imposanten Baum zusammengesetzt und mit zigtausenden Lichtern illuminiert. Ob das aber für einen Weltrekord reicht? Konstrukteur und Veranstalter werden nicht müde zu betonen, dass es sich bei der Dortmunder „Tanne" um den größten Weihnachtsbaum der Welt handelt.

Demgegenuber stehen etliche natürliche und künstliche Bäume weltweit, die zur Weihnachtszeit geschmückt, bewundert und gefeiert wurden und werden. Darunter echte Bäume wie in Seattle (67 m), Tasmanien (80 m) und Kalifornien (82 m) – oder künstliche wie 2005 in Lissabon und Warschau (je 72 m), in Bukarest (2007, 76 m) und Rio de Janeiro (2011, 85 m). *Quelle: Wikipedia.*

Naja, auch als größter künstlicher Weihnachtsbaum Deutschlands ist die Dortmunder Tanne sehenswert. Ganz oben strahlt nach wie vor ein Engel. Der für 2011 geplante Fußball durfte nicht auf die Spitze des Baumes gesetzt werden. Der Oberbürgermeister stoppte die Aktion höchstpersönlich.

Das „Stammhaus“ Krupp auf dem Werksgelände, nahe heutiger ThyssenKrupp-Allee, Essen

Stammhaus Krupp

Alles aus ganz kleinen Anfängen?

Wenn man an der *Altendorfer Straße* zwischen *Audi* und *Porsche* durchlugt, sieht man ein einsames kleines Fachwerkhäuschen. Jahrelang stand es unbeachtet im Gestrüpp der ausgedehnten Krupp-Werke und danach im Niemandsland der Krupp-Brachen. Jetzt schließt sich der zu bebauende Kreis um die kleine Hütte, die mittlerweile auch Besucher anlockt: War das nicht das bescheidene, fast ärmliche Häuschen, in dem die Geschichte der Familie Krupp in ganz kleinen Anfängen begann?

Zweimal daneben: Zum einen ist das Gebäude ein Replikat aus dem Jahr 1961. Und dass hier der kleine Grundstein zur Firma Krupp gelegt wurde, ist ebenfalls eine Legende. *Friedrich Krupp,* der Vater des legendären *Alfred Krupp,* gründete die Firma im Jahr 1812. Seine Schmelzhütte funktionierte eher schlecht als recht und brachte in Kombination mit etlichen unternehmerischen Fehlentscheidungen die einstmals wohlhabende Familie Krupp an den Rand der Existenz. Friedrich hatte das Familienvermögen, dessen Grundstock seine kluge Großmutter legte, nahezu vollständig durchgebracht. Die Familie, einstmals ansässig in Bürgerhäusern in der Stadt, musste sich schließlich auch davon trennen und zog 1824 in das ehemalige Aufseherhaus der Kruppschen Schmelzhütte.

Das tatsächliche Stammhaus der Familie Krupp, ehemalige Lage: Flachsmarkt 9, Essen

Nachdem Friedrichs Sohn *Alfred* in jungen Jahren die Firma übernommen hatte, ging es erst raus aus den Schulden und dann auch raus aus dem kleinen Haus. Mit zwei Zwischenstationen landeten die Krupps 1873 dann schließlich in der *Villa Hügel* (siehe auch Seite 39). Übrigens, es gibt noch eine weitere kleine Abweichung von der Wahrheit: Das originale Stammhaus stand etwa 100 Meter weiter westlich.

Atzes Kiosk, Essen-Kray

Ja nee, is klar nä?

Alle Essener (besonders die Krayer) und alle Atze-Schröder-Fans müssen jetzt ganz tapfer sein. Denn alles ist Fake. Atze Schröder heißt nicht Atze Schröder, sondern Hubertus Albers. Und der stammt weder aus Essen noch wohnt er dort, sondern im münsterländischen Emsdetten. Und der Kiosk steht in Hürth bei Köln auf dem Gelände der *Magic Media Company (MMC)*. Alles Atze? Nein, nicht ganz. Einer der Schöpfer der RTL-Serie stammt aus Dortmund: der Autor, Sänger und Schauspieler Peter Freiberg.

Zeche Zollern, Grubenweg 5, Dortmund-Bövinghausen

Zeche Zollern

Das erste Industriedenkmal – aber nicht ganz original ...

Ein schöner feiner Pütt, möchte man beim Anblick der Zeche Zollern meinen. Prima, dass der als komplettes Ensemble erhalten blieb und zum Museum wurde. Möchte man auch meinen. Und ist auf einen kleinen Fake hereingefallen. Die Gerüste von Zollern sind nämlich „geliehen". Posthum. Einst standen die beiden auf den Zechen *Wilhelmine Victoria* in Gelsenkirchen und *Friedrich der Große* in Herne.

Nach Dortmund kamen sie, weil Zollern, seit 1969 zwar erstes amtliches Industriedenkmal mit Papieren, zunächst mal nur in Form der Maschinenhalle ohne Gerüste dastand. Und das auch nur deshalb, weil sich die Bürger für den Erhalt der Zeche stark gemacht hatten. Zollern stand auf der Abrissliste ganz oben an. Und einiges war ja auch schon weg. Die Fördergerüste nämlich. Sie waren nach der Schließung der Zeche im Jahr 1955 irgendwann auf der Strecke geblieben. Mitte der 1980er war die Zeit dann reif für *„The Return of the Shafts"*. Gut, dass in Herne und Gelsenkirchen zwei Gerüste herumstanden, die den verschwundenen sehr ähnlich sahen.

Türme-Tausch oder Gerüste-Wandern war im Ruhrgebiet auch im laufenden Betrieb nicht unbekannt. So stammt zum Beispiel das Schachtgerüst der Zeche *Holland* in Wattenscheid ursprünglich von einem Zollverein-Schacht in Essen. Umgesetzt 1964. Seitdem behauptet ein in 40 Metern Höhe angebrachtes gewaltiges Schild, dass exakt hier, im tiefsten Wattenscheid, Holland liege. Immer noch.

Berliner Mauer im Herner Hafen

Der Antifaschistische Schutzwall im Kohlenlager

Die Geschichte war wirklich klasse: Als Anfang der 1990er die Berliner Mauer kleingepickelt und abgerissen wurde, landete nicht das gesamte Bauwerk im Schredder. Nein, einige Hundert Meter Mauer verschlug es mit verschiedensten Schicksalen raus in die Welt.

Einige Bruchstücke (zuerst handgeschlagen, später dann als Souvenir gekauft) wurden daheim von Familienmitgliedern des Erbeuters oder seinen Dorfbewohnern bestaunt, sorgten selbst in amerikanischen Wohnstuben für Nervenkitzel und kamen in Fernost aufs Trophäenregal.

Neben diesen zumeist sorgfältig gehegten und gepflegten Mauer-Stückchen wurden einige größere Teile für die verschiedensten Zwecke en bloc verscherbelt und verschifft. Und ein ganz kleiner Teil mit edlen Graffiti wurde zu Kunst und Denkmal erklärt und museal zur Schau gestellt.

In Herne landeten auch 300 Meter Mauer. Zum Transport fein säuberlich wieder in seine drei Meter hohen und einen Meter breiten Einzelteile zerlegt, aus denen die Berliner Mauer zuletzt bestand. Die 300 Meter ehemaliger Antifaschistischer Schutzwall sollten nun im Kohlehafen Julia die gelagerte Kohle getrennt und sortiert halten. Die kostenbewusste Überlegung: Statt eigene Lagermauern hochzuziehen, könne man ja den Betonwall aus Berlin nehmen, der gerade preiswert auf dem Markt war.

Aber in Herne erwies sich bald, dass die DDR in Sachen Qualität auch bei ihrer Staatsgrenze geschludert hatte: The Wall zeigte Auflösungserscheinungen inmitten der ganzen Kohle, und die Herner mussten die bröselnde Mauer nach wenigen Jahren gegen solidere Westware austauschen.

Kohlehafen Julia, Cranger Straße, Herne-Baukau

Ja, das ist Kunst. Nein, das kann nicht weg!

Würde man sich den Skulpturen und Denkmälern im Ruhrgebiet einigermaßen fair, unvoreingenommen und wo nötig auch demütig nähern, würde dies ein eher langweiliges Kapitel. Lassen wir also den künstlerischen Überbau, den Respekt

Sowjet-Büsten im Seepark, nahe Schwansbeller Weg, Lünen-Horstmar

vor großen Namen oder edlen Spendern mal ganz beiseite – und greifen uns die schrägen, die hässlichen und die gänzlich abgedrehten. Mal schauen, welche Geschichten die erzählen können.

Wobei es nicht immer ganz einfach ist, zwischen Kunst und Nicht-Kunst zu unterscheiden. Und noch viel schwieriger ist es, eine halbwegs stimmige Auswahl zu treffen. Man glaubt nämlich kaum, wie viel „Gedöns" hier im Ruhrgebiet herumsteht ...

Helden der Sowjetunion im „Horstmarer Loch"

Kommunistenkurve

Sowjetische Altstars in Lünen

Als die Sowjetunion sich auflöste und keine Helden mehr brauchte, standen die alten Haudegen nicht mehr lange auf den Sockeln. Die steinernen Genossen wurden geschreddert und machten sich im Straßenbau nützlich, die metallenen wurden eingeschmolzen. Und weil in Lünen mit den ehemaligen *Hüttenwerken Kayser* einer der weltweit führenden Anbieter von *„Verwertungslösungen für kupferhaltige Sekundärrohstoffe"* saß, landeten einige der werthaltigen Figuren ebendort.

Bei einer Betriebsbesichtigung entdeckte die damalige Lünener Bürgermeisterin Christina Dörr-Schmidt die gefallenen Sowjets und rettete sie vor dem Hitzetod. Seitdem stehen *Wladimir Iljitsch Lenin, Anstas Mikojan* und sieben weitere kupferhaltige Genossen im *Horstmarer Loch*, Teil eines Bergsenkungsgebietes in Lünen.

Weil sie dort nämlich Teil einer Landesgartenschau waren (1996) – als *„Altes, aus dem Neues gemacht wird"*. Die Neunergruppe ohne Unterleibe (im Volksmund *„Kommunistenkurve"*) steht ganz am Rand des Parks und unterhalb der eigentlichen Grasnarbe. Ohne Sockel und Namensschild kaum zu finden und schlecht zu identifizieren. Aber immer noch so schneidig, entschlossen und zuversichtlich in die Ferne blickend wie früher. Wer also zwischendurch mal'n Helden sehen will …

La Tortuga

Eine Lok liegt flach

Vor dem Theater in Marl liegt seit 1993 eine Lokomotive auf dem Rücken. Hilflos wie eine Schildkröte, weshalb ihr Umkipper, der Aktionskünstler Wolf Vostell, sie auch *„La Tortuga"* genannt hat. Was spanisch ist und eben *Schildkröte* heißt. Allerdings ist an der Lok gar nichts spanisch, sie stammt aus deutscher Kriegsproduktion und sollte in 15.000-facher Ausfertigung den Feind überrollen und Waffen transportieren. Dazu kam es allerdings nicht und etliche Exemplare der *Reichsbahn-Baureihe 52* erhielten nach Kriegsende zivile Aufgaben, bevor sie schließlich ausgemustert und verschrottet wurden. Oder wie das Exemplar *52 2751*, das von Vostell flach gelegt und zunächst vor den *Anhalter Bahnhof* in Berlin gestellt wurde.

Das Skulpturenmuseum im kleinen Marl luchste der großen Stadt die schwere Kröte ab und kippte sie vors hiesige Theater. Als Mahnmal gegen den Missbrauch von Industrie und Technik für den Krieg? Oder als Symbol für den Niedergang der alten Industrien? Interpretationsansätze gibt es ganz viele. Und was schreibt die Stadt Marl auf ihrer Website zu dieser Plastik? *„La Tortuga regt zur zwanglosen Beschäftigung mit moderner Kunst im öffentlichen Raum an."* Na bitte.

La Tortuga, Am Theater 1, Marl

Museumsbahnsteig,
Hauptbahnhof
Gleis 4 u. Gleis 5,
Willy-Brandt-Platz,
Oberhausen

Melancholie auf der Pfanne

Die Holzmenschen auf dem Hauptbahnhof Oberhausen

Aus Rotbuche sollen sie sein. Geschnitzt? Oder mit der Kettensäge aus dem Vollen geschnitten, wie uns die Legende glauben machen will? Bunt bemalt sind sie auf alle Fälle, die Dame in Gelb und der Herr, eine traurig dreinblickende Mischung aus Elvis und dem frühen Johnny Cash, trägt Blau. Beide stehen auf merkwürdigen Tonnen, summasummarum fünf Meter Gesamthöhe. Die scheinbaren Sockel entpuppen sich für den Kenner natürlich sofort als Gießpfannen, mit denen früher das flüssige Metall in Formen gegossen wurde.

Die beiden Figuren (namenlos) stehen nicht einfach auf dem Bahnhof herum, sondern sind sorgfältig an die Enden des *Museumsbahnsteigs* platziert worden. Und dieser Bahnsteig, an dem schon lange kein richtiger Zug mehr hält, ist eine Außenstelle des *Rheinischen Industriemuseums*. Auf dem scheinbar toten Bahnsteig kann man neben den beiden Figuren noch manch anderes entdecken, mal beleuchtet, mal unbeleuchtet. Aber alles umsonst und (fast) rund um die Uhr (zu den Betriebszeiten des Bahnhofs) geöffnet. Falls Sie mal in Oberhausen umsteigen sollten und Ihr Zug Verspätung hat: Das Museumsgleis lohnt sich!

Krausstraße, Ecke
Kasteelstraße,
Duisburg-Ruhrort

Tönnekesdrieter

Kleines Denkmal fürs große Geschäft

Als Ruhrort noch nicht zu Duisburg gehörte, hatten die Ruhrorter ein arges Problem: Sie wurden sehr schnell sehr viele und hatten keinen Platz in ihrem engen Örtchen, um ihre eigenen organischen Abfälle zu verklappen. Eine Kanalisation gab es nicht. Und freies Feld zum Düngen auch nicht.

Also nahmen die Ruhrorter eine Tonne, stellten sie in eine Hofecke, verrichteten ihr Geschäft und kippten die Inhalte der Tonnen in Rhein und Ruhr. Die Schiffer nahmen es ihnen zunehmend übler, und so mussten die Ruhrorter, die bei größeren Wohnhäusern die *Tönnekes* in kleinen Häuschen zusammenfassten, das Zeug irgendwie aus Ruhrort rausbekommen. Dinslakener Fuhrunternehmer regelten dann irgendwann die Sache. Die Ruhrorter aber blieben *Tönnekesdrieter* (Tonnenscheißer), auch als man endlich eine Kanalisation baute.

Und damit sie auch in Zukunft nicht in Vergessenheit geraten, hat sich ihrer ein Karnevalsverein angenommen und eine Gedenktafel aufgestellt. Die übrigens gerne von Kinderhand begrabbelt wird. Raten Sie mal, wohin die kleinen Racker am liebsten greifen ...!

Obere Münsterstraße,
Kuopio-Platz,
Castrop-Rauxel

Taubenvatta-Denkmal

Wird von den Vögeln nicht angenommen

Tauben scheißen nicht nur die Innenstädte zu, Tauben können auch mal ganz nützlich sein. Zum Beispiel kann man mit Tauben wertvolle und wertlose Preise und Pokale gewinnen. Vorausgesetzt, die Tauben sind Marathon-Flieger und haben einen ausgeprägten Heimat-Instinkt.

Im Ruhrgebiet hat die Taubenzucht jahrzehntelange Tradition. Die *„Rennpferde des kleinen Mannes"* brauchten keine großen Koppeln und Ställe. Meist reichte ein selbst zusammengezimmerter Verschlag für den Schlag. Aber sie sorgten bei ihren Wettflügen und den Wetten darauf für Spannung wie die Vierbeiner im Turf. Und sie sorgten für Neid und Anerkennung bei Kollegen und in der Nachbarschaft.

Die Züchter hießen „Taubenväter" *(Tau'mvattas)*, waren meist Rentner und vorher auf dem Pütt. Und weil sie einst so typisch für das Ruhrgebiet waren wie etwa Castrop-Rauxel, steht in just dieser Stadt folgerichtig auch das einzige Taubenvatta-Denkmal. Nicht wirklich schön. Nicht wirklich authentisch: Ein Taubenzüchter in Gesundheitssandalen ohne Socken? Nie und nimmer. Deswegen lassen sich echte Tauben hier auch kaum blicken ...

Flügel am Alten Pütt

Geliehen und vergessen?

Nähert man sich der ehemaligen Zeche *Auguste Victoria 1/2* von Osten, landet man an einem Kreisverkehr, der (in Ermangelung von Straßen) einfach nur um sich selber kreist. Abgestellt darauf: ein Flügel, scheinbar in Beuysscher Machart. Aber statt aus Fett und Filz besteht das Objekt aus Polyester und Moniereisen. Und nicht der große J. B. war hier tätig, sondern der ortsansässige Künstler Bodo Borchert. Der hatte das stumme Instrument vor etwa 15 Jahren dem *Klassikfestival Ruhr* geliehen. Nach einigen Zwischenstationen kam der Flügel zur Zeche Auguste Victoria, wo sich inzwischen das *Yehudi Menuhin Forum* eingerichtet hatte und wo auch Festival-Konzerte stattfanden. Ob der Flügel in Vergessenheit geraten ist im Laufe der Jahre? Offenbar fühlt sich niemand so richtig zuständig für das Werk. Aber das kennt Bodo Borchert ja auch von anderen seiner Werke.

Am Alten Pütt, Marl-Hüls

Der Boss im Abseits

Helmut, Helmut – du musst wandern …

„Aus dem Hintergrund müsste Rahn schießen. Rahn schießt – Tor! Tor! Tor!“ Die legendären Worte des Radioreporters Herbert Zimmermann sind längs der A 40 an Brückenportale geschraubt. Millionen sind schon daran vorbei ge-

Bezirkssportanlage Mitte II, Seumannstraße 55, Essen-Altenessen-Süd

fahren (siehe auch Seite 187). Der Schütze dieses unvergessenen Tores, der Essener Helmut Rahn, steht dagegen deutlich im Abseits. Sein 3-D-Abbild stand am Stadion der Rot-Weißen, das nicht mal seinen Namen tragen darf, sondern *Georg-Melches-Stadion* heißt.

Der *Boss* wurde ganz hinten links in die Ecke verbannt (gar nicht seine Position, Rahn war Rechtsaußen!). Dann kam die Baustelle für das neue Stadion und Rahn stand im Weg. Vorübergehend ausgeliehen wurde er nach Hattingen (als Teilnehmer an der Ausstellung *Helden*). Wieder zurück stellte man den großen Sohn der Stadt auf das Trainingsgelände der Rot-Weißen an der *Seumannstraße*. Schämen sich die Essener etwa ihres großen Fußballsohnes? Oder tun sie es aus Rücksichtnahme, weil die Bronze nicht wirklich schön ist? Ein nur mit Mühe als H. R. zu identifizierender Spieler im Schnürleibchen, der in ziemlich komischer Körperhaltung (vorgezogene Schultern, herabhängende Arme, Handflächen nach hinten gedreht) weit über Gegner und Ball hinwegblickend mit offenem Mund zum Schuss anläuft. Hmm, *Beckenbauer* vielleicht. Aber doch nicht Rahn!

Ob die Figur wieder an die Hafenstraße zurückkehrt? Oder weiter auf dem Trainingsplatz bleibt, wo sie bei einem Kinderturnier auch schon mal als Ständer für die Infotafel herhalten muss – darüber gibt es in Essen noch keine definitive Entscheidung. Geschaffen hat dieses Standbild übrigens eine Hamburgerin (Inka Uzoma). Und wer hat's bezahlt? Eine Berlinerin: Die *BILD am Sonntag*.

Lutherkirche,
Martin-Luther-Str. 12,
Datteln

Kleines dickes Luther

Der Reformator mal ganz anders

Der Schlankste war Martin Luther seinerzeit wohl nicht. Zumindest wenn man die Malkunst von *Lucas Cranach des Älteren* als Maßstab nimmt. Aber so, wie er vor mehr als 80 Jahren an der nach ihm benannten Kirche in Datteln in den Stein gehauen wurde? Nicht nur Doppelkinn und Pausbacken sehen wir hier, sondern auch einen kantigen und ziemlich quadratischen Schädel auf gedrungenem Leib. Das soll unser Reformator sein?

Die Gemüter erhitzt *„kleines dickes Luther"* schon lange nicht mehr. Aber die Kinder, die im Schatten der Lutherkirche heranwachsen, glauben, dass er tatsächlich so ausgesehen hatte. Bis sie irgendwann mal ein Gemälde von *Lucas Cranach d. Ä.* sehen ...

Kleingruppe (Bronze)

Was machen die denn da?

Bochumer, die ihr in Langendreer siedelt: Was müsst ihr denn da ertragen? Geht's noch fieser? Statt Horrorhäusern (siehe Seite 160) mal ein Horror-Denkmal?

Alte Bahnhofstraße, Ecke Wartburgstraße, Bochum-Langendreer

Drei nackte Menschen, die miteinander und mit ihrer Kleidung verwachsen sind. Mann und Frau stieren grimmig bis hysterisch den arglosen Passanten an, während ein geschlechtsloses Kind kopfüber in unnatürlich Haltung sein nacktes Gesäß gen Himmel reckt und gequält durch die Beine guckt. Mann und Frau greifen nach dem Kinderhintern. Viele Passanten offenbar auch.

Von der anderen Seite betrachtet, hat die Gruppe zwei weitere Köpfe. Der Glatzkopf ist Janus-gesichtig, das Kind hat sich plötzlich erhoben und hat nebst zweitem Gesicht auch ein Geschlecht. Mädchen. Offenbar mussten sich auch hier ganz viele Passanten per Tast-Befund davon überzeugen. Das Geschlecht glänzt noch mehr als der Hintern von der Gegenseite. Was ist passiert in Langendreer? Geschmacksverirrung? Kinderpornografie? Schwere Obsessionen? Drogen gar? Ach so – die Plastik gehört zu dem Ensemble *„Leben und Arbeit"*. Na, dann noch mal Glück gehabt.

Ewaldstraße, Ecke Vitusstraße, Herten

Nackte Kleinfamilie gibt Rätsel auf

Du bleibst jetzt hier!

Warum nicht mal ein paar Leute nackig einkaufen schicken, dachte sich der Recklinghäuser Künstler Heinrich Brockmeier und schuf für die Stadt Herten eine freundliche Alltagsszene mit dem Titel *Kommunikation*. Doch was zeigt die entblößte Gruppe wirklich? Eltern, die lieber mit einem Freund schwatzen, als sich um ihr Kind zu kümmern? Nein, ein Rotzblag, das nicht mal eine Minute still stehen kann, während sich die Erwachsenen unterhalten! Eine biblische Szene? Eine Allegorie? Ein Skandal, die Nackten da. Eine Patchwork-Familie, in der das Kind wenig Lust verspürt, den Tag mit seinem leiblichen Vater zu verbringen? Eine Entführung? Alles Quatsch? Die Gruppe will nur spielen?

Na, hören Sie mal: Da bin ich aber völlig anderer Meinung! Und zack sind wir mitten in einer munteren Diskussion. Womit Brockmeier genau das bekommen hat, was er wollte. *Kommunikation.*

Gildenstraße 11,
Oberhausen-
Osterfeld

Bottroper Straße,
Ecke Gildenstraße,
Oberhausen-
Osterfeld

Ein buntes Völkchen

Gute-Laune-Figuren in Osterfeld

Die pausbäckige Bergmannskapelle ist tiptop gekleidet, Trommler, Hornisten und Flöte sind am Start, man möchte einstimmen ins *Glück auf, der Steiger kommt!*. Aber die Kapelle ist stumm, ebenso wie die anderen Figuren, die den Passanten die Gildenstraße hoch begleiten.

Die quietschigen Knollennasen sollen wohl an die alten Traditionen Osterfelds erinnern. Sparen aber auch nicht an scharfer Kritik an den aktuellen Entwicklungen. So hat die Geschäftswelt von *Alt-Osterfeld* unter der Konkurrenz des CentrO zu leiden. Und damit die mollige Dame in Braun-Beige nicht zum Shoppen in die Neue Mitte abhaut, wird sie in Osterfeld kurzerhand angekettet.

Herkules oder Vollhorst?

Ein Düsseldorfer auf dem Nordstern-Turm

Eigentlich gab es an dem, was die Zeche *Nordstern* der Nachwelt übrig gelassen hat, wenig zu verbessern. Die Kulisse wurde vom Zusammenspiel der beiden ehemaligen Förderanlagen bestimmt: Gerüst und Turm. Beides gehört heute *Vivawest*, dem ehemaligen *THS*-Konzern, hervorgegangen aus der *Treuhandstelle für Bergmannswohnstätten*. Nordstern blieb also fast „in der Familie“. So weit, so gut.

Aus unerfindlichen Gründen aber befand die THS, auf Nordstern gehöre „noch was drauf". Und zwar auf den Turm, damit man sich nicht drunter wegducken kann. Und aus ebenso unerfindlichen Gründen beauftragte man dann einen exzentrischen Düsseldorfer, der auch schon mal als *„Konsul Weyer der Malerei"*, *„Regisseur der Schludrigkeit"*, *„Modestenz"* oder *„herrischer Großmeister"* bezeichnet wird. Dahinter verbirgt sich Markus Lüpertz, der dem anderen Teil der Kunstwelt als *Genie* gilt. Dieser ließ sich nicht lumpen und dengelte aus 244 Aluminiumgussteilen einen 23 Tonnen schweren und 18 Meter hohen Herkules zusammen, der seit dem Kulturhauptstadtjahr auf Norstern für viel Spaß und viele Diskussionen sorgt.

Die Nachbarn der schrägen Figur mit dem blauen Bart und den blauen Haaren haben sich mit ihm so weit arrangiert, dass sie ihn auch schon mal *Horst, Horsti, Vollhorst* oder *Hotte* nennen. Invalide ist er. Wie man hier sagt: *„Mit appem Arm"*. Und wenn man genau hinschaut, auch -pardon- mit *„appem Schniepel"*. Da ist er bei Lüpertz übrigens in trauter Gesellschaft, denn vielen seiner Figuren fehlen irgendwelche Gliedmaßen. Was auf den hohen ästhetischen Wert des Fragmentarischen verweist. Sagt der Künstler. Und verpasst seinen Figuren auch grundsätzlich zu kurze Beine. Aber Horst steht ja verdammt hoch, da fällt das nicht so auf ...

Vivawest (THS),
Nordsternplatz 1,
Gelsenkirchen-Horst

Franz Hengsbach

Der Ruhrbischof erhitzt die Gemüter

Franz Hengsbach? Doch, dem sollte man ein Denkmal gönnen! Schließlich hatte sich der erste Ruhrbischof einen Namen gemacht und sein Amt geprägt. 20 Jahre nach seinem Tod ließ man ihn in Essen wieder auferstehen. Als lebensgroße, quietschbunte Figur vor der Domschatzkammer, in einem Dress aus Spitzenschürze, Batman-Cape, Lätzchen und Lackschuh. Es existieren Hunderte von Fotos aus dem Leben des Kardinals. Auf keinem dieser Fotos trägt er etwas in dieser Art. Nun, Kunst darf schließlich auch einen Bischof frei interpretieren.

Aber sein gütiger Blick – wie aus dem Gesicht geschnitten. Und es gibt in der Tat wieder Hunderte von zeitgenössischen Fotos, die belegen, dass auch Hengsbach der Humor nicht fremd war. Aber solch ein leicht debil wirkendes Halbgrinsen, mit halbgeschlossenen Lidern als hätte er einer Rauschdroge zugesprochen. War das wirklich unser Bischof und Kardinal?

Blickt man an der Hengsbach-Figur runter, wird es noch doller. Die Arme baumeln von den vorgezogenen Schultern herab. Leicht eingefedert in den Knien und den rechten Fuß keck abgespreizt deutet der Kardinal an, dass gleich Action folgt. Aber was? Sinkt er vor seiner Schöpferin, der Bildhauerin Silke Rehberg, in die Knie? Oder springt er gleich von der kleinen Platte, auf die er geschraubt wurde?

Am Essener Münster,
Burgplatz, 45127 Essen

Und warum klebt unter den Füßen des Bischofs, an der Unterseite seines „Sprungbretts", ein umgekippter Wolf? Und warum liegt ein Lamm auf dem Bauch des umgekippten Wolfs? Der Kardinal hatte zu Lebzeiten viele Antworten gegeben. Seine Skulptur wirft nur Fragen auf. Und sorgt als Standbild für heftige Diskussionen.

Gut behütet

Entweder ist der Kopf zu klein oder der Hut zu groß. Diese Figur hängt an einer Hausfassade in Herdecke und ist auch sonst ziemlich komisch. Ein bärtiger Mops hockt zu Füßen des Kopflosen, dem an jeder Hand auch noch ein Finger fehlt.

Hauptstraße 54,
Herdecke

Das ist Kunst

Nachts mit Licht: Ehemaliges Stellwerk mit Installation „*Schrankenlos*“ von Dirk Schlichting, Westpark, Bochum

Selten sind die Grenzen zwischen Kunst und Trash, zwischen einem Denkmal und einem zufälligen Arrangement des Alltags so fließend wie im Ruhrgebiet. Wenn Sie sich mal nicht sicher sind: Erklären Sie den Alltag zur Kunst. Das Zufällige zum Denkmal. Und Sie erkennen plötzlich, dass Sie durch eine unglaubliche Kulturlandschaft wandeln!

Das ist keine Kunst

Nachts unbeleuchtet: Ehemalige Bank an einem Waldweg nahe Bruchstraße, Essen-Katernberg

Warten auf ...

... ja, was eigentlich?

Was mögen sich die Menschen denken, die am *Nattmannsweg* in Gelsenkirchen wohnen und tagtäglich an dieser Figur vorbei müssen? Hans-guck-in-die-Luft oder grenzdebiler Tagträumer? Blödmann oder Philosoph? Nichts davon, denn sein Schöpfer Hubert Nietsch hatte etwas ganz anderes im Sinn und nannte seine Figur *Taubenvater, der auf seine Tauben wartet.* - Ach nee. Da scheint selbst der Castroper Taubenvatter (s. Seite 126) authentischer. Mir fällt zu Nietsches Sitzendem eher ein: U-Bahn-Fahrgast, auf dem Weg zur Arbeit, dösend. Oder Autofahrer auf der A40, stauend. Aber U-Bahn und Ruhrschleichweg hat es in den 1960er Jahren, als diese Skulptur entstand, ja noch gar nicht gegeben. Vielleicht war der Taubenvater ja einfach nur vor dem Fernseher eingeschlafen, als Hubert Nietsch ihn erwischte.

Nattmannsweg,
Gelsenkirchen-Ückendorf

Das goldene Horn

Jetzt sogar Product-Placement in unseren Grünanlagen?

In einer kleinen, bewaldeten, etwas struppigen Grünzone im Nordwesten der Essener Innenstadt, die sich *Van-Eupen-Wald* nennt (und früher mal die Krupp-Teststrecke war - s. Seite 89), strahlt die Spaziergänger eine gülden

Aussichtspunkt im Van-Eupen-Wald, nahe Hövelstraße, Ecke Hülsenbruchstraße, Essen-Altenessen-Süd

schimmernde Sichel an, die an einem Aussichtspunkt auf einen Mast gespießt wurde. Statt Gipfelkreuz zur Abwechslung mal ein Gipfel-Halbmond, den islamischen Mitbürgern zuliebe?

Nein, bei näherem Hinsehen ist die sichelförmige Plastik als *Croissant* zu identifizieren. Aber: Es handelt sich hierbei nicht um Kunst. Das Hörnchen ist bei der Stadt nicht als Denkmal oder sonstwas Künstlerisches gelistet. Es wurde von einer Back-Kette gesponsert, die nahebei auch eine Filiale betreibt.

Viehmarktbrunnen, Hauptstraße, Ecke Brinkstraße, Herdecke

Verwachsen und verwurzelt

Der *Viehmarktbrunnen* soll an alte Zeiten erinnern. Wir sehen zwei dumpf ins Leere glotzende Nackte, die mit ihrem Getier eins geworden sind. Dem Feisten sind zwei Sauen ans Bein gewachsen. Und der Unterleib des Blöden geht nahtlos in seine Kuh über. Herrschaften, so kann man doch kein Vieh verkaufen!

Kreyenfeldstraße,
Ecke Im Brelen,
Bochum-Werne

Bergbaudenkmal

Auch ein Kumpel muss mal ...

In Bochum-Werne steht seit 1989 ein Denkmal, das sein Schöpfer Paul Epp dem Bergbau und seinen Bergleuten widmete. Ziemlich wuchtig aus Beton und Bronzeplatten, die mit ihren Reliefs einiges über die Arbeit des Bergmanns erzählen. Vier Stationen hat Epp gestaltet – und man kann einmal ums Denkmal rumspazieren. Unfreiwillig komisch wird es dann unter schrägeren Blickwinkeln. Sieht man auf der östlichen Tafel bei senkrechter Aufsicht einen *Füllort* mit einem Bergmann, der ein Haltesignal gibt, so glaubt man bei schräger Sicht plötzlich einen *Abort* vor sich zu haben, in dem sich besagter Bergmann offenbar im Stehen erleichtert. Auf unserem Foto oben ist es der linke Herr, während sich sein Kollege rechts daneben diskret abwendet.

Dieses Kapitel ist unvollständig!

Es steht so viel im Ruhrgebiet herum, dass ein einziges Kapitel nicht ansatzweise reicht: lustige Sachen, schräge Sachen, dumme Sachen, hässliche Sachen, ärgerliche Sachen. Spaßiges und Überflüssiges. Wichtiges und Gutes.
Vielleicht wird ja mal ein ganzes Buch daraus?!

Schräges, Kurioses und Abgefahrenes

Das Ruhrgebiet ist voll mit kuriosen, seltsamen und bisweilen komischen Dingen. Fast an jeder Ecke gibt es Erstaunliches zu entdecken. Manches blüht ganz im Verborgenen, manches erfreut sich ausgesprochener Beliebtheit. Wie zum Beispiel das Motorrad Museum Rebuschat von *Karl am Kanal* in Gelsenkirchen. Oder (seit 1999) die allwöchentlichen Aufführungen des Films *Bang Boom Bang* in Bochum. Wie zum Beispiel Niki de Saint Phalles *Lifesaver-Brunnen* in Duisburg oder Richard Serras *Terminal* in Bochum. Wie zum Beispiel *Helge Schneider* oder *Uwe Lyko*. Wie die weithin sichtbaren Videos der Bilderuhr im *Dortmunder U*. Oder die Taucher im *Gasometer, Duisburg Nord*.

Über die Highlights sind schon viele Beiträge geschrieben worden. Hier geht es mal um die Skurrilitäten und Extravaganzen, die (noch) nicht so im Rampenlicht stehen. Trotzdem sind sie voll zartem Humor oder beinharter Komik. Freiwillig oder unfreiwillig. Vom kickenden Heiligen bis zur falsch tickenden Sonnenuhr. Durchaus auch als Anregung zu einer ganz anderen Entdecker-Tour im Ruhrgebiet.

Falls Sie nach der Lektüre dieses Kapitels Lust auf weitere ungewöhnliche Entdeckungen verspüren:

Schräg – Kultverführer Ruhr
Hg. Henning Prinz
Klartext Verlag, 9,95 EUR
Für dieses Buch haben ein Dutzend Klartext-Autorinnen und -Autoren aus ihrem Nähkästchen geplaudert bzw. geschrieben.

Kirchenfenster St. Joseph, Grillostraße/Königsberger Straße, Gelsenkirchen-Schalke (siehe Folgeseite)

Kirchenfenster St. Joseph

Fußball, Gott und S 04

In Gelsenkirchen predigte von 1952 bis 1973 ein Pfarrer, der war großer Schalke-Fan. Und da Pfarrer Franz Kohle in seiner Kirche schlecht einen Wimpel seines Vereins aufhängen konnte, brachte er seine Leidenschaft in die Neu-Gestaltung der Kirchenfenster ein. Der *Heilige Aloisius von Gonzaga*, seit Alters der Schutzpatron der männlichen Jugend, bekam in der Katholischen Kirche St. Joseph eine etwas erweiterte Schutzfunktion, nämlich die für die *Schalker Fußballjugend*.

Und so entwarf der ortsansässige Künstler Walter Klocke ein Fenster mit einem Aloisius, der neben seinem kirchlichen Gewand Fußballschuhe und Stutzen trägt. Selbstverständlich ebenso in Blau-Weiß wie der Ball zu seinen Füßen. Den Entwurf reichte Pfarrer Kohle bei der kirchlichen Kunstkommission des Bistums Paderborn ein – und kassierte eine Abfuhr.

Glück für ihn und alle fußballverrückten Gläubigen war dann die Neugründung des Bistums Essen, das ab sofort auch für Gelsenkirchen zuständig war. Ein zweites Mal eingereicht, ging dort der Entwurf anstandlos durch – und so ziert seit 1959 ein kickender Heiliger die Josephskirche auf Schalke.

Ampelvielfalt Bochum

Damit das Warten nicht langweilig wird …

Böse Zungen behaupten, Bochum sei die Stadt der Ampeln im Revier. In der Tat gibt es in Bochum Ampeln, die ganz besonders nerven. Fußgänger, Radfahrer, Autofahrer. Um ihre Bürgerinnen und Bürger mit den mehr als 350 Ampelanlagen zu versöhnen, legt Bochum sich mächtig ins Zeug und bietet Vielfalt. So hängt über der Traditionskreuzung Kortumstraße/Bongardstraße eine Traditionsampel. Wie sie dort bereits von den 1930er bis in die 1960er Jahre hing. Diese Nostalgie-Ampel (offiziell: *Heuerampel*) steht still und regelt gar nichts. Denn seit 1972 ist diese Art von Signalanlage in Deutschland nicht mehr zulässig.

Eine weitere Ruhrgebiets-Einzigartigkeit gibt es in Bochum gleich doppelt. Vom Hauptbahnhof geht es für Fußgänger nicht direkt in die City. Da sei erst mal der Südring vor. Mit Tonnen von Autos. Das Warten auf Grün wird dem Fußvolk nun mit Abzählen

Heuerampel, Kortumstraße/Bongardstraße, Bochum-Mitte

verkürzt. Die Countdownampel (offiziell: *„Lichtzeichenanlage mit Restzeitanzeige"*) zählt bei Rot von 90 Sekunden runter. Ungerecht verteilt: Das grüne Männchen leuchtet nur 15 Sekunden. Gleiches Spiel auch an der Kreuzung Kortumstraße/Südring. Die Autofahrer erfahren von beiden Countdowns übrigens gar nichts.

In Gerthe strahlt farbiges Licht für Fußgänger stärker als üblich gleich an drei Kreuzungen (Kirchharpener Straße sowie Bövinghauser Hellweg). Dort gibt es Ampelmännchen im original DDR-Design. Und die haben eine etwas größere Fläche als die BRD-Ampelmännchen. Vor allem das rote: mehr Fläche = mehr Licht = mehr Sicherheit. Und sowieso ein besseres Design: Das kommt gut an beim Bürger. Obwohl es theoretisch überall erlaubt wäre, blieb es in Bochum bei den drei Ausreißern. Gelegentlich sieht man in Gerthe mal einen Trabi dran vorbeifahren ...

Fußgängerampel, Kirchharpener Straße, Bochum-Gerthe

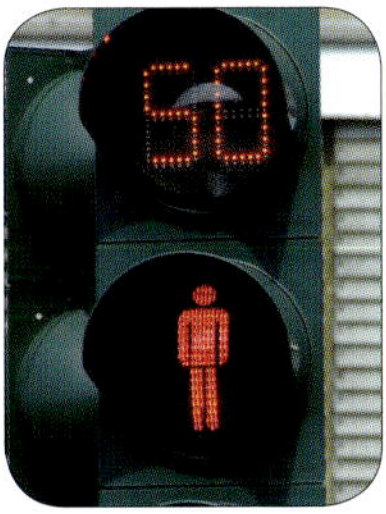

K.-Schumacher-Platz, Hbf, Bochum-Mitte

Halde Schwerin, Zugang über Bodelschwingher Straße, Castrop-Rauxel

Sonnenuhr auf der Halde Schwerin

Die falsche Zeit von Castrop-Rauxel

Wie spät ist es eigentlich in Castrop-Rauxel? Die Antwort gibt es ganz oben. Die ehemalige Halde der noch ehemaligeren Zeche Schwerin gehört heute zum grünen Gebirge des Ruhrgebiets. Auf ihrem Gipfel gruppieren sich 24 blitzblanke Stahlsäulen zu einer etwa 16 Meter durchmessenden Sonnenuhr. Die 25. Säule spielt den Zeiger. Lehnt sich leger an die Zwölf und wirft einen Schatten in den Kreis. Wenn es nicht gerade Nacht ist. 24 Stunden anzeigen kann die Uhr nicht. Obwohl sie so tut, als könnte sie. Man hätte also durchaus ein paar Nachtsäulen einsparen können. Egal: Rauf auf den Berg – und Uhrenvergleich.

Scheint keine Sonne, gibt es auf der Halde auch keine Zeit. Und bei strahlendem Zentralgestirn steckt die Uhr ebenfalls voller Tücken, denn sie zeigt nicht die *Mitteleuropäische Zeit (MEZ)* an, sondern Castrop-Rauxel-Zeit. Und die ist 32 Minuten hinterher. Also muss man zur abgelesenen Sonnenzeit stets 32 Minuten hinzurechnen. Damit aber noch nicht genug, es wird nämlich richtig kompliziert, und wir lassen am besten Jan Bormann, den Schöpfer der Sonnenuhr, selbst zu Wort kommen: *„Im Laufe eines Jahres umrundet die Erde auf einer elliptischen Bahn die Sonne. Durch die Schrägstellung der Erdachse zu dieser Laufbahn* *und unterschiedliche Geschwindigkeit der Erde auf diesem Weg strahlt die Sonne auch periodisch unterschiedlich auf die Erde. Nur an vier Tagen im Jahr fällt deshalb der Schatten genau: An allen übrigen Tagen verkürzt oder verlängert sich die Zeitanzeige um bis zu einer Viertelstunde.*

Während der Sommerzeit ist zudem noch eine Stunde abzuziehen. Ein Beispiel: Fällt an einem 1. Oktober der Schatten auf das 18.00 Uhr-Rohr, sind nach der Zeitgleichung zehn Minuten abzuziehen sowie für die MEZ 32 Minuten hinzuzurechnen und für die Sommerzeit eine Stunde abzuziehen. D.h., die Sonnenuhr zeigt 17.22 Uhr.“ Na, dann ist doch alles klar. Oder gibt es noch Fragen?

Hüpfburgen

Bunte Vielfalt im Ruhrgebiet

Hüpfburgen haben irgendwann die Straßen- und Gemeindefeste, die Feier-Tage und Werbewochen erobert. Wir haben uns dran gewöhnt, dass die Hopsgeräte in den Farben der Sponsoren strahlen und offenbar immer ein Motto haben, das verbal oder symbolisch umgesetzt wird.

Warum aber die Sparkasse Bottrop ihre Themenburg ausgerechnet „*KNAX*“ nennt und den Buchstaben „X“ brechen lässt, erschließt sich mir ebenso wenig wie die Kaffeebohnen-Deko. Um wieviel klarer ist doch da die türkischstämmige Ansage in Dortmund-Derne. Die islamische Hüpfburg hat gleich vier Minarette. Knacks ...

Heringenstraße,
Dortmund-Derne

Am Pferdemarkt, Bottrop

Fatih-Moschee, Bachacker Weg 196, Marl-Hamm

Fatih-Moschee, Marl

Gebetshaus mit Autobahnanschluss

Ganz früher gab es Autofahrerkapellen entlang der Fernreiserouten. Als dann die Autobahnen das beschleunigte Reisen ermöglichten, standen natürlich bald auch einige Autobahnkirchen und -kapellen zur christlichen Grundversorgung an den Schnellwegen. Oft mit eigenen Zufahrten und Parkplätzen. McPray, sozusagen. Selbst im Ruhrgebiet gibt es eine Autofahrerkirche. Die ehemalige Epiphanias-Kirche heißt heute *Autobahnkirche Ruhr*, liegt in Bochum nahe der A 40 und kann über die Anschlussstelle Bochum-Hamme angesteuert werden (Dorstener Straße 263, 44809 Bochum).

Fährt man in Marl über die A 52 (von Nordosten kommend), mag man sich denken: Was dem Christen recht ist, soll dem Moslem billig sein. Steht doch dort eine Moschee in der Ausfahrt *Marl-Hamm*, bevor diese auf die Carl-Duisberg-Straße trifft. Obwohl Autobahn und Moschee etwa zeitgleich entstanden, gibt es aber keinen beabsichtigten Zusammenhang. Wohl nur ein nachlässiger Schlenker im Bebauungsplan.

St. Bonifatius, Herne

Ein Schuhgeschäft im Kirchturm

St. Bonifatius in Herne dürfte wohl die einzige katholische Kirchengemeinde Deutschlands (vielleicht auch weltweit?) sein, in deren Kirchturm man auch Schuhe kaufen kann. Außer Sonntags, versteht sich. Anders herum gesehen dürfte das Herner Schuhhaus *Schlatholt* wohl das einzige weit und breit sein, dessen Geschäftsräume sich in einem Kirchturm befinden.

Für die schräge Kombination Schuh & Glaube waren Bergsenkungen verantwortlich. Die hatten nämlich in den 1970er Jahren dem alten Kirchenschiff derart zugesetzt, dass nur noch der Abriss blieb. Die 1974 neu erbaute Kirche ist einige Meter in den Hintergrund gerückt. Der Turm allerdings stand wundersamerweise so stabil, dass er großzügigen Verkaufsräumen drum herum und drinnen Halt geben konnte.

Über Jahrzehnte blieb das Mauerwerk des Turmes innerhalb des Schuhgeschäftes hinter einer dicken Schicht Moderne verborgen. 2008 wurden dann das alte Portal und die Turmmauern freigelegt und ins Ambiente des Ladens integriert. Der Heilige Bonifatius, der Schutzpatron aller Bierbrauer, blieb da wo er war: Und hebt mahnend sein Kreuz den Kirchgängern und Schuhkäufern entgegen.

St. Bonifatius, Bahnhofstr. 38, Herne-Mitte

Gänsereiter in Sevinghausen, Wattenscheider Hellweg 272, Bochum-Wattenscheid

Gänsereiterdenkmal, Wattenscheider Hellweg, Ecke Höntroper Straße, Bochum-Wattenscheid

Brachiales Brauchtum in Wattenscheid

Gänsereiten mit Kopfabreißen

Im Westen Bochums, im ehemaligen Wattenscheid, wird die Tradition des Gänsereitens gepflegt. Keine Angst, hier wird kein Federvieh zu Schanden geritten, nein-nein, die Wattenscheider Reiter sitzen natürlich auf Pferden. Den Gänsen wird nur der Kopf abgerissen. Immer zur Faschingszeit, seit angeblich mehr als 400 Jahren, gilt es, im Galopp einer an den Füßen über den Reitern aufgehängten Gans den Kopf abzureißen. Seit 1806 ist es allerdings verboten, eine lebende Gans zu nehmen. Um das Zupacken etwas schwieriger zu gestalten, wird der Gans ordentlich der Hals eingeseift. Wer mag, kann sich das leicht unappetitliche Spektakel auch im Internet anschauen. Unter dem Stichwort „Gänsereiten" gibt es eine Menge Filmmaterial aus Wattenscheid.

Und weil das Gänsereiten ein verdammt ernstes Thema ist, hat man sich in Wattenscheid sogar darüber entzweit. Also reitet man in Sevinghausen und in Höntrop schön getrennt. In Höntrop dürfen übrigens auch Kinder und Jugendliche ran: beim Junggänsereiten. Seit 2006 hat aber das Jugendamt dem Nachwuchs das Spielgerät weggenommen. Statt einer echten toten Gans gibt es jetzt Geschicklichkeitsspielchen mit Hufeisen.

Der Fairness halber ist zu erwähnen, dass es auch in Dortmund und Essen Ableger der Gänse-Reiterspiele gibt. Hier hat man das tote Federvieh aber schon vor einigen Jahren gegen unblutige Attrappen getauscht.

Unnützes Wissen (4)

Kilometerzähler-Prüfstrecke

Gelsenkirchen bietet wichtigen Service

Manchmal versorgt auch eine Stadt wie Gelsenkirchen ihre Bürger und Gäste mit ziemlich nutzlosem Wissen. Wer will schon seinen Fahrrad-Tacho eichen? Selbst wenn man es wollte: Wer weiß denn, wie man das Gerät programmiert? Konsequent weitergedacht: Nur prüfen reicht nicht. Hier muss ein Tacho-Einstellservice her! Am besten als kommunale Dienstleistung gegen geringe Gebühr. Das hülfe auch der ewig klammen Stadtkasse ...

Kilometerzähler-Prüfstrecke, Vierhöfeweg, Gelsenkirchen-Resse

Geisterorte Geisterhäuser Geisterstraßen

Manchmal baut der Mensch schneller, als er planen kann. Siehe: Soda-Brücken (siehe Seite 23). Vor allem im Ruhrgebiet, wo ja 150 Jahre Zeitdruck herrschte. Da wurde schon mal etwas hingebaut, lange bevor es eigentlich gebraucht wurde. Manchem geht es wie dem Bären, dessen Fell emsig verteilt wird, während er noch putzmunter herumläuft. Da wurde auch schon mal was auf die Schnelle hingesetzt. Was kurz nach Ablauf der Garantiezeit dann zu bröseln begann. Und schon nach 20 Jahren teuer entsorgt werden musste.

Das „Horror-Haus" in der Dortmunder Kielstraße (siehe Seite 160)

Es gibt aber auch Geisterstätten im Ruhrgebiet, in denen früher mal mehr oder weniger buntes Leben herrschte. Und die irgendwann aus welchen Gründen auch immer in einen Dornröschenschlaf fielen, in Vergessenheit gerieten – und immer noch nicht wieder wach sind. Bei manchen Geisterstätten läuft der Countdown bis zur endgültigen Löschung. Nur ganz wenige Kandidaten konnten in letzter Sekunde vor der Abrissbirne gerettet werden. Wie das *Hans-Sachs-Haus* in Gelsenkirchen zum Beispiel. Von dem zumindest die beeindruckende Fassade erhalten bleibt.

Im Ruhrgebiet gibt es viele Geisterhäuser und Geisterstraßen. Etliche sollten schnell verschwinden – halten sich aber hartnäckig. Über andere sollte noch einmal neu nachgedacht werden. Hier sind einige Beispiele aus beiden Kategorien.

Himmelsberg (2007), Dorsten-Barkenberg

Neue Stadt Wulfen

Besuchen Sie die Zukunft, solange sie noch steht …

Der Barkenberg wäre kaum der Rede wert. 57 Meter hoch, irgendwo bei Dorsten. Hätten in den 1960er und 1970er Jahren nicht ein paar fortschrittsbesoffene Stadtplaner alle Bedenken vom Tisch gewischt und den kompletten Hügel überbaut. Mit einer Stadt aus dem Erdboden. Plus einer *Metastadt*. Geplant für 50.000 Bewohner. Die neue Zeche *Wulfen* war gerade an den Start gegangen, winkte mit 8.000 Arbeitsplätzen und noch mehr. Was sollte da noch schief gehen?

Alles. Das Bergwerk entpuppte sich als Flop. Nicht einmal 500 Leute fanden dort Arbeit. Die Reißbrettstadt mit dem ambitionierten Namen *Neue Stadt Wulfen* zog in Spitzenzeiten lediglich 12.500 Menschen auf die grüne Wiese. Was aber immer noch mehr als doppelt so viele waren wie in Alt-Wulfen.

Es lag nicht nur an den fehlenden Arbeitsplätzen, dass schon bald viele Barkenberger die Flucht ergriffen: Die Fortschrittsbauten der *Metastadt* waren einfach nicht zu bewohnen. Man wollte mit ihnen beweisen, dass Stahl zum Wohnungsbau tauge. So ermöglichte er zwar ein sehr flexibles und schnelles Bauen. War aber im Sommer kaum zu kühlen und im Winter kaum richtig zu beheizen. Die verwendeten Metalle waren hervorragende Temperaturleiter, wie sich schnell herausstellte. Und der große Stahl-Baukasten erwies sich als undicht, reparaturanfällig und unpraktisch. Es sei denn, man fand es unterhaltsam, jedes Wort aus der Nachbarwohnung zu verstehen.

Die *Metastadt* stand zwölf Jahre als Geisterstadt herum. 1987 wurde sie entsorgt. Und das andere Barkenberg alias *Neue Stadt Wulfen*? Wurde auch nicht glücklich, obwohl es längst zu Dorsten gehörte (Kommunalreform 1975). Große Teile der überdimensionierten Stadt standen leer oder zum großen Teil leer. Weitere Abrisse folgten, 2007 wurde mit dem *„Stadtumbau West"* begonnen, bei dem auch einige höhere Häuser auf vier Stockwerke gestutzt wurden. Ob das alles reicht zum Überleben? Fahren Sie doch von Zeit zu Zeit mal hin, um nachzugucken. Sie können Barkenberg gar nicht verfehlen: Eine fette vierspurige Ringstraße kreist um die Siedlung. Nicht ganz rum. Sie endet nach der Hälfte im Nichts.

Himmelsberg (2007), Dorsten-Barkenberg

Villenstraße (2012), Duisburg-Rheinhausen

Villenviertel Bliersheim

Bald Künstler statt Geister?

Wohnungsbau seitens der großen Zechen und Werke war schon im 19. Jahrhundert eine weit verbreitete Praxis im Ruhrgebiet. So band man die Arbeiter an die Unternehmen. Warum nicht auch eine Etage höher? Um die leitenden Angestellten eines Werks bis hoch zum Direktor standesgemäß unterzubringen, wurde dann etwas aufwendiger gebaut. Unmittelbar in Werksnähe entstanden dann so genannte Beamtensiedlungen. Für die leitenden Angestellten gab es einst eine Residenzpflicht. Also entstanden die edlen Viertel direkt vor den Toren der Fabrik, damit diese Quasi-Beamten stets schnell verfügbar waren.

Solche Viertel gibt es im Ruhrgebiet noch einige. Größen- und ausstattungsmäßig schön gestaffelt nach den ehemaligen Werkshierarchien, gehegt, gepflegt, bewohnt und bewundert. Die Siedlung Grafenbusch in Oberhausen, zum Beispiel.

Bliersheim wurde als *Beamtensiedlung* zwischen 1903 und 1910 für die leitenden Angestellten des *Kruppschen Hüttenwerks Rheinhausen* im englischen Landhausstil gebaut. Anfangs lag die Siedlung mit 15 Villen unterschiedlicher Größe (bis 400 m^2 Wohnfläche) plus Direktorenhaus und Casino am Rande des Dörfchens Bliersheim vor den Toren des Werks. Im Laufe der Folgejahre wuchs das Hüttenwerk rund um die Siedlung und umschloss diese bald völlig. Erst

Villenstraße (2003), Duisburg-Rheinhausen

als das Werk 1993 dichtgemacht, abgerissen und planiert wurde, tauchte die Siedlung wieder auf. Neun der einstmals 17 Gebäude waren erhalten geblieben und standen schwer renovierungsbedürftig in einer kleinen parkähnlichen Anlage.

Das Land NRW kaufte die Villen, stellte sie unter Denkmalschutz und ließ einige Grundsanierungen und Renovierungen durchführen. Da ringsum Gewerbe wächst *(Logport)* und die Villen bald wieder eingeschlossen sein werden von Logistikunternehmen aller Art, mag und soll niemand hier wohnen. Bleibt also nur die Vermarktung als Gewerbeimmobilien. Das hat bislang aber nur beim Casino geklappt (Gastronomie) und bei einem Haus am Eingang der kleinen Kolonie, das von einer Immobilienfirma genutzt wird.

Der jahrelange Leerstand hat den anderen Villen nicht besonders gut getan. Witterung und Vandalismus gefährden die Bausubstanz – es müssten dringend Nutzer her. Die allerdings dürfen dort nicht wohnen wollen – genehmigt ist nur eine gewerbliche Nutzung. 2009 wurden drei Villen an einen Investor verkauft, der diese bis 2012 saniert haben muss. Auch das Direktorengebäude ist inzwischen verkauft. Und 2010 wurden noch einmal drei Villen vom Land in private Hände gegeben: an den aus Duisburg stammenden Künstler Cyrus Oberbeck, der darin Kreativquartiere einrichten will. Auch er hat eine dreijährige Frist zur Sanierung bekommen. Es sieht also so aus, als ob die seit den 1970er Jahren leer stehende Geistersiedlung doch noch ein neues Leben bekommt.

Brammenring, Oberhausen Neue Mitte

Neue Mitte – O.Vision

Roads to Nowhere

Für das ehemalige Gelände der Gutehoffnungshütte gab es viele Pläne. Das meiste wurde realisiert. Vom *CentrO* über *Vergnügungspark, Arena, Sealife, Marina, TheatrO* und diverse Gewerbeansiedlungen: Alle da. Nur das Gelände des ehemaligen Elektrostahlwerks blieb leer. Hier sollte der ambitionierte *Zukunftspark O.Vision* errichtet werden, ein ambitioniertes Projekt, das irgendwann zur Schäm- und Lachnummer wurde. (Siehe auch Kapitel: Flops). Die Straßen zur längst begrabenen Technologie-Hochburg der Gesundheitsbranche gibt es immer noch. Mit einem halben Dutzend Kreisverkehren und fein asphaltierten Verbindungsstraßen, die um sich selbst kreisten oder ins Nirgends führten. Zur Freude von Minibike-Piloten, die hier jahrelang unbehelligt ihrem auf öffentlichen Wegen eigentlich verbotenen Hobby nachgingen.

Ein Geistergelände auf ewig? Nein, irgendwas kommt. Aber es wird irgendwie anders. Oberhausiger. *Lidl* ist schon da. Eine Lagerhalle auch. Und ein Riesen-Automatenspielcasino, 4000 Quadratmeter in Form eines Ufos. Allerdings: Je mehr das Geistergelände zugebaut wird, desto unwahrscheinlicher ist es, dass hier die *Rolling Stones* noch mal ein Open-Air-Konzert geben werden. 2003 ging das noch.

Motodrom Almaring

Autorennen in Gelsenkirchen

Das riesige Areal zwischen Bulmke und Ückendorf hat schon viel gesehen. Nördlich der Köln-Mindener Bahnlinie werkelte einst das Stahlwerk *Schalker Verein*, zuletzt als ein Unternehmen innerhalb des Thyssen-Konzerns. Bald wird der *Zukunftsstandort Schalker Verein* über das ehemalige Werksgelände wachsen.

Südlich der Eisenbahnlinie standen einst Zeche und Kokerei *Alma*. Auch beides seit mehr als 50 Jahren Geschichte. Und was danach kam, ist teilweise auch schon wieder verschwunden oder von der Natur überwuchert. Wie die Autorennstrecke zum Beispiel. Nachdem die Zentralkokerei in den 1960er Jahren stillgelegt und demontiert wurde, bauten einige Motorsport-Verrückte auf einem Teil des Geländes eine ca. 750 Meter lange Kurvenstrecke für Altwagenrennen. *RAG* nannten sich die Betreiber. Nix mit Ruhrkohle, sondern *Rheinländische Altwagen-Gemeinschaft.*

Vor allem in den siebziger Jahren lockten deren skurrile Rennveranstaltungen Tausende von Zuschauern. Schließlich ging es ordentlich und rustikal zur Sache. Crashs inklusive. Obwohl sich die RAG bald aufwertete in „Rheinländische *Autorenn*-Gemeinschaft", war Mitte der 1980er Schluss mit der inzwischen als Motodrom bezeichneten Rennstrecke, die heute noch in voller Länge, asphaltiert, mit einigen Leitplanken und Reifenstapeln besichtigt werden kann. Vorausgesetzt, man findet sie in dem immer dichter werdenden Grün ...

Der Almaring in den 1970ern, nahe Almastraße, Gelsenkirchen-Ückendorf

„Weiße Riesen"

Geisterhäuser im Ruhrgebiet

Was kommt dabei heraus, wenn man nur in Richtung Wachstum denken kann? Ganz bestimmt so etwas wie die Geisterhäuser im Ruhrgebiet, die heute meist unter dem Namen *„Weiße Riesen"* kein schönes Bild abgeben und sogar ziemlich ärgerlich sein können. Einige Weiße Riesen im Ruhrgebiet sind, meist unter großer Anteilnahme der Bevölkerung und der Medien, gesprengt oder abgerissen worden. Andere warten noch darauf. Wieder andere warten auf eine Entscheidung – und bleiben solang verriegelt, verrammelt und oft auch zugemauert.

Die meisten dieser Häuser stehen seit vielen Jahren leer, einige sind baufällig und alle sind überfällig. Niemand braucht sie mehr. Dabei waren sie erst wenige Jahre alt, als sie überflüssig wurden. Als man in den 1960er und 1970er Jahren dachte, dass wir immer weiter ungehemmt wachsen, wollte man schnell ausreichend Wohnraum schaffen. Hochhaus-Siedlungen versprachen, als ideale Wohnform der Zukunft alle Probleme auf einen Schlag zu lösen. Tatsächlich brauchte man diesen Wohnraum bald gar nicht mehr, und da die Häuser keinen guten Wohnwert besaßen, wurden sie zunehmend leer gezogen. Bis zum Schluss nur noch solche Leute es darin aushielten, die woanders nicht geduldet werden.

So leistete sich Kamp-Lintfort 1975 drei Weiße Riesen (inzwischen Geschichte, Abriss 2010). Und Duisburg gleich sechs: Die Weißen Riesen an der Ottostraße wurden 1974 gebaut. Und sorgten für zunehmenden Ärger. Eines der Häuser bekam inzwischen farbige Deko-Streifen, wurde in *„Roter Riese"* umbenannt und zum gelungenen Sanierungsfall erklärt. Ob das was hilft? Die Zukunft des Rests ist sowieso ungewiss.

Goliath-Sprengung (2006), Adolf-Grimme-Straße, Marl

In Marl hieß der Weiße Riese *„Goliath"* und wurde im August 2006 stilgerecht gesprengt. Viele Anwohner stießen mit Sekt an, als die 17 Stockwerke ineinander fielen. Und hofften, dass dem Goliath weitere der ungeliebten Klötze folgen werden. Weitere spektakuläre Sprengungen gab es allerdings nur noch in Hagen und Dortmund. Hier waren es ein Sparkassengebäude (*„Langer Oskar"*, Hagen, 1975-2004) und das Bürogebäude einer Versicherung (*„Volkswohl Bund Hochhaus"*, Dortmund, 1973-2008). In diesen beiden Fällen war es aber beileibe nicht so, dass die Bauten nicht mehr gebraucht wurden. Sie waren allerdings kaputt. Unreparierbar. Nur 30 Jahre nach ihrer strahlenden Einweihung.

Ottostraße 64, Duisburg-Hochheide

Kielstraße 26

Das Horrorhaus von Dortmund

In Dortmund steht noch ein Geisterhaus. Wer es besuchen möchte, fragt einfach nach *„Kielstraße 26"* oder gleich nach *„dem Horrorhaus"*. Jeder Einheimische wird es Ihnen zeigen können. Seit Jahren steht die Kielstraße 26 leer. Fenster, Türen und Balkone der unteren Geschosse sind verriegelt und verrammelt. Die darüber liegenden Etagen sind vom jahrelangen Beschuss mit Pflastersteinen gekennzeichnet – und in der oberen Hälfte der 18 Stockwerke zeugen taube Satellitenschüsseln oder leere Blumenkästen davon, dass hier tatsächlich mal jemand gewohnt haben muss.

Für das erste Leben des Hauses, das 1969 von der *Veba* gebaut wurde, galt das uneingeschränkt. Alle 102 Wohnungen waren vermietet. Die Nordstadt galt zwar schon damals nicht als beste Gegend, aber die Wohnungen waren modern geschnitten und gut ausgestattet. 1993 hatte die Veba keine Lust mehr auf Vermietung und verkaufte die Kielstraße 26. Der Käufer stückelte den 18-Stöcker in 102 Teile und verkaufte diese an Privatleute, viele von ihnen türkischer Herkunft, und fast alle nicht in Dortmund zu Hause.

Die neuen Eigentümer, die meist nur ihr sauer verdientes Geld anlegen wollten, wurden dabei ordentlich abgezockt. Die Mieteinnahmen lagen weit unter den Versprechungen, und bald waren viele der ursprünglich 72 neuen Eigentümer pleite – oder hatten sich ein neues Heimatland gesucht. 2003 musste der letzte Mieter zwangsgeräumt werden. Strom und Heizung gab es schon lange nicht mehr.

Schnell waren sich alle Dortmunder einig: Das Haus muss abgerissen werden. Doch gar nicht so einfach bei so vielen Eigentümern. Es dauerte einige Jahre, bis alle (inzwischen nur noch 42) ausfindig gemacht waren. Oft waren schon Banken die neuen Eigentümer, was aber die Ankaufsverhandlungen für jede einzelne der 102 Wohnungen in der Kielstraße 26 nicht unbedingt erleichterte. 2007 sollte der erste Abriss stattfinden, 2008 aber ganz bestimmt. Und 2009 versprach Oberbürgermeister *Ullrich Sierau*, dass die 18 Stockwerke spätestens 2012 fallen werden.

Und spätestens Anfang 2012 war klar, dass sich die Angelegenheit noch ordentlich hinziehen wird. Klar ist allerdings, dass

Kielstraße 26, Dortmund-Nordstadt

die Kosten für Abriss oder Sprengung, die irgendwo zwischen 1,3 Millionen und 2 Millionen Euro irrlichtern, mal wieder der Steuerzahler übernehmen wird.

Mozartstraße (2010), Herne-Wanne

Von der Kaiserpassage zur Mozartstraße

Ein Schmuckstück steht leer

Nach diesem städtebaulichen Kleinod würde sich manch gestandene Altstadt die Finger lecken. Wenn sie es denn könnte. Und wenn sie überhaupt von diesen gerade mal 100 Metern Nostalgie Kenntnis hätte. Denn außerhalb von Wanne-Eickel (jetzt Herne) kennt die Mozartstraße ja niemand.

Geplant und gebaut wurde dieses achsensymmetrische Gebäudeensemble Anfang des 20. Jahrhunderts. Als *Kaiser-Passage* zwischen Hauptstraße und *Kaisergarten,* mit einem Glasdach drüber und feinen Geschäften links und rechts des Weges. Okay, das Glasdach musste nach wenigen Jahren wieder abgebaut werden. Zu viel Ruß und Taubenscheiße in Wanne-Eickel. Und Herr Kärcher hatte sein praktisches Reinigungsgerät noch nicht erfunden ...

Der Kaiser dankte ab, Park und Passage wurden bürgerlich, die Straße überstand den Bombenkrieg zwar mit verhältnismäßig geringen Schäden, wurde aber irgendwann zur bedeutungslosen Seitenstraße und gammelte vor sich hin. In einer einmaligen Aktion wurden die Fassaden der Häuser Ende der 1980er

Jahre unter Denkmalschutz gestellt und saniert. Ansonsten zeigten die zahlreichen Eigentümer der Häuser wenig Interesse an gemeinsamem Handeln oder einem Wohlergehen der Straße. Leerstand breitete sich aus, bis er endlich alle (!) Ladenlokale der ehemaligen Kaiserpassage erfasst hatte. Nur die beiden Eckhäuser sind noch belegt. Dahinter könnte ein Schmuckstück liegen, mit Straßencafés, kleinen Läden, Ateliers und Kneipen. Könnte. Wenn diese Mozartstraße in Berlin läge. Oder in München. Aber sie liegt in Wanne-Eickel. Jetzt Herne.

Kaiserpassage (1904), Wanne-Eickel

Hotel Eden, Rottstraße 1-3, Bochum-Mitte

Hotel Eden

Ruine am Ring

1956, zu seiner Eröffnung, war das Hotel Eden der Stolz der Stadt Bochum. Die feine Herberge *Hotel Eden am Ring*, wie sie vollständig hieß, war Unterkunft für viele, die es aus welchen Gründen auch immer nach Bochum verschlug. Auch etliche Mimen, die am Bochumer Schauspielhaus zu tun hatten, betteten sich hier zur Nacht.

Im Laufe der Jahrzehnte bekam das Eden schickere Konkurrenz und trat in die zweite, bald auch in die dritte Reihe. Zuletzt wurde es von seinem Pächter als Stundenhotel betrieben – und Anfang der 1990er quartierte die Stadt Bochum dort Asylbewerber ein. 1995 wurde das Eden geschlossen – und verfiel. Dächer, Fenster und Türen gingen kaputt oder wurden kaputt gemacht. Wilde Vegetation und Schimmel in allen Varianten siedelten sich an. Einige Male gab das Eden noch Lebenszeichen von sich, unter anderem als Ausstellungsräume für ein Projekt der Design-FH Dortmund. Oder als „Fotomodel" für ein ungewöhnliches Gebäudeportrait.

Als nach vielen Jahren Leerstand ein Investor aus Süddeutschland die Ruine kaufte und einen Abrissantrag stellte, jubelte die Stadt. Doch der Investor plante eine Mega-Spielhalle mit 24-Stunden-Betrieb. Das wollte aber die Stadtverwaltung nicht genehmigen. Zocken – na gut. Aber nicht ohne Sperrstunde!

Und so steht das Eden und verfällt. Sein Besitzer kümmert sich nicht um die Schrott-Immobilie, und die Stadt bleibt stur. Die Patt-Situation kann dauern. Bochum hat Übung in Sachen Hängepartien.

Garten-Dom

Achteckige Tristesse in Osterfeld

Einst war dieser markante achteckige Bau die Kohlenmischanlage der Zeche *Osterfeld*. In seinem zweiten Leben wurde die Kuppel als Ausstellungshalle der *Landesgartenschau OLGA* genutzt. Anschließend wurde der Dom als Gartencenter betrieben. Seit 2001 steht der Dom leer und zum Verkauf. Der letzte Inhaber und Betreiber ist pleite. Seit 2007 wird regelmäßig zur Zwangsversteigerung des Objektes gerufen. Alleine: Haben will es niemand. Noch nicht einmal für das Mindestgebot von 25.000 Euro. Der Haken: Es steht unter Denkmalschutz und darf nur eingeschränkt genutzt werden. Zudem wird eine Wiederinstandsetzung teuer, denn der Dom ist inzwischen trauriges Opfer von Vandalismus und Witterung geworden.

Garten-Dom, Vestische Straße 41, Oberhausen-Osterfeld

Flops, Hirngespinste und Fehlschläge

Wer nichts macht, kann auch nichts falsch machen. Im Umkehrschluss dieser Binsenweisheit muss dem Ruhrgebiet über Generationen ungebremste Aktivität bescheinigt werden. Und

Küppersmühle, Philosophenweg 55, Duisburg-Innenhafen
(siehe Seiten 168/169)

ja, in der Tat, es passiert viel. Und es passiert auch viel Mist. Oft sind es „Peanuts", die nur ein paar wenige Leute ärgern. Ein paar Zeilen nebst Leserbriefen in der Lokalpresse – das war's. Aber ebenso zuverlässig, etwa im Monatsrhythmus, gibt es regionale Pleiten, Pech und Pannen, die vor großem Publikum inszeniert werden. Und die Edel-Pleiten haben es stets auf die vordersten Plätze in der bundesdeutschen Medienlandschaft gebracht. Man könnte ein ganzes Buch damit füllen. *Ein* Buch?

Computermodell der Küppersmühle mit geplantem Erweiterungsbau

Erweiterung Küppersmühle

Der „Schuhkarton" will nicht schweben

Das Museum *Küppersmühle für Moderne Kunst* ist eigentlich eine Top-Adresse. Pfusch am Bau, Betrug und dubiose Machenschaften führten dazu, dass die Küppersmühle zur Flop-Adresse wurde. Was natürlich nicht an der künstlerischen Qualität der Exponate, sondern an dem geplanten An- bzw. Aufbau liegt, der seit Mitte 2011 fein eingezäunt neben dem Museumsgebäude vor sich hin rostet. Aber der Reihe nach:

Das heute noch erhaltene und fein restaurierte Hauptgebäude wurde 1908 errichtet und 1934 um die röhrenförmigen Stahlsilos ergänzt. 1972 wurde die Mühle stillgelegt und zum Abriss freigegeben. Eine Bürgerinitiative machte sich für den Erhalt stark und hatte Erfolg. Und dieser wurde 1999 gekrönt durch die Nutzung des Baudenkmals als Museum für deutsche Nachkriegs- und Gegenwartskunst, anfangs mit der umfangreichen Sammlung des Duisburgers *Hans Grothe*, und bald darauf von dem Darmstädter Sammlerpaar *Sylvia* und *Ulrich Ströher* erweitert. Betrieben wurde und wird das Museum von einer Stiftung.

2008 beschloss diese den Ausbau des Museums und beauftragte damit die Architekten *Herzog & de Meuron*, die bereits in der Vergangenheit für die Küppersmühle tätig waren. An ihrem neuen Entwurf schieden sich allerdings die Geister: Statt die bestehenden Gebäude behutsam zu erweitern, wollten die Star-Architekten einen riesigen Quader (meist fälschlicherweise „Kubus" genannt) quer über die grauen Silos legen, ihn nahezu frei in 40 Metern Höhe schweben lassen. Die Geldgeber (die Eheleute Ströher, *Evonik* und einige anonyme Spender) waren von dem spektakulären Entwurf so angetan, dass sie 30 Millionen Euro locker machten. Zur Bauherrin schwang sich die städtische *Gebag* auf.

Das Stahlgerüst des 55 x 29 x 19 Meter großen Erweiterungsbaus wurde zunächst neben der Mühle am Boden zusammengebaut, um dann später auf die Silos aufgesetzt zu werden. Während nebenan geschweißt und gedengelt wurde, stellte man aber fest, dass die Silos bauliche Mängel aufwiesen und zu schwach waren für die 1300 Tonnen Stahl, die oben draufgesetzt werden sollten. Also wurde ordentlich Beton in den maroden Bestand gepumpt, geflickt und repariert. Bald lagen die Gesamtkosten für den Schuhkarton auf der Küppersmühle bei 48 Millionen Euro.

Man knirschte vernehmbar mit den Zähnen und machte weiter, obwohl klar war, dass der Einweihungstermin zum Kulturhauptstadtjahr nicht mehr zu halten war. Im April 2011 schließlich ließ sich der offensichtliche Pfusch am Bau nicht mehr verheimlichen: Ein Schweißer, Leiharbeiter eines für den Stahlbau beauftragten Subunternehmens, schlug Alarm. In einer anonymen Anzeige hieß es: *„Ich möchte nicht verantwortlich sein für ein Unglück. (...) Ich habe große Sorgen, dass dieser Stahl abreißt und Menschen ums Leben kommen. Bitte untersuchen Sie die Arbeit!"*

Die folgenden Untersuchungen brachten unglaubliche Mängel zutage, die die ausführenden Firmen (heute übrigens alle pleite) aus Zeit- und Kostendruck produzierten: Verbindungen waren nicht fachgerecht geschweißt, Hohlräume mit Eisen und Blechen aufgefüllt, um bei Röntgen-Untersuchungen nicht aufzufallen. Pfusch und Täuschung, wohin man blickte. Zunächst wurde geflickt, ausgebessert und neu gerechnet: Bald standen 70 Millionen Euro im Raum und die Sanierung aller 14.000 Schweißnähte an.

Seit Juni 2011 liegt die Baustelle still. Ein Beweissicherungsverfahren wurde eingeleitet und kann sich noch einige Jahre hinziehen. Etliche Forderungen wurden gegen Baufirmen und Bauaufsicht erhoben und Schadensersatz-Klagen formuliert. Solange die Untersuchungen nicht abgeschlossen sind, liegt der Quader rum und der gesamten Optik des Innenhafens im Weg. Die Millionen sind wohl unwiederbringlich versenkt. Und da ein Weiterbau mittlerweile sehr unwahrscheinlich ist, strebt die Gebag einen Abriss an. Das einzig Positive an dieser Perspektive: Kein hässlicher Schuhkarton auf der Küppersmühle.

Da gab's doch schon mal was ...

am Innenhafen Duisburg

Duisburg, 13. August 1994. *Mr. Softy* wird gesprengt. Für alle Nicht-Duisburger: *Mr. Softy* war ein Silogebäude in Gestalt eines riesigen Milchkartons. Schaut man sich den Entwurf der künftigen Küppersmühle an (S. 168), kommt man ins Grübeln. Der Erweiterungsbau erinnert doch schwer an einen Milchkarton, einfach über die Mühle gelegt.

Platz des europäischen Versprechens

Wer soll das alles nur bezahlen?

Als Konzeptkünstler hat sich der Berliner Jochen Gerz einen Namen gemacht. 1976 zeigte er z.B. bei der Biennale in Venedig *„Die Schwierigkeit des Zentaurs beim vom Pferd steigen"*. Für Bochum und das Kulturhauptstadtjahr plante er ebenfalls Großes. Die Idee: Tausende von Menschen geben Europa ein persönliches Versprechen. Was sie versprechen, bleibt geheim. Das kann also was Nettes sein (*„Ich werde immer fest an den Euro glauben"*) oder weniger schöne Züge tragen (*„Ich werde mein Geld auch weiterhin in der Schweiz parken"*), völlig egal. Aber jeder, der sich etwas Geheimes ausdenkt (oder selbiges auch nur behauptet), wird namentlich genannt, für immer verewigt auf ziemlich großen, ziemlich teuren Bodenplatten.

Wie Gerz es geschafft hat, die stets klamme, ideenarme und PR-süchtige Stadt Bochum für diese Aktion zu gewinnen, bleibt sein Geheimnis. Im Sommer 2007 begannen die Arbeiten für die Namensliste (geplant: 15.000 Teilnehmer) in der Heldengedenkhalle der Christuskirche mitten in Bochum. Richtig gelesen: In der Kirche gibt es eine Gedenkstätte mit den Namen aller im Ersten Weltkrieg gefallenen Bochumer und eine ebenso in Stein gehauene Feindesliste des Deutschen Reiches. Direkt daneben

So tun als ob: Die Rechtecke zeigen an, wo die Basaltplatten hätten liegen sollen. Willy-Brandt-Platz, Bochum-Mitte

und dann weiter über den Vorplatz der Kirche sollten die Platten bis zur Straße verbaut werden. Einweihung: 2010. Kulturhauptstadtjahr.

Ganz überrascht war dann die Stadt Bochum, als sie bemerkte, dass die Platten auch Geld kosteten. Zwei Stück wollte die Kommune bezahlen, den Rest sollten andere aufbringen. Und man könnte doch auch billigere Baumaterialien nehmen. Es muss ja nicht unbedingt Glas und Betonstein sein, Basaltplatten aus Armenien tun es doch auch. Während Stadt, Politiker, Künstler, Bürger und Experten um Finanzierung und Ausführung stritten, zog die Kulturhauptstadt ins Land und zog auch wieder raus. Das europäische Versprechen blieb Baustelle. Und selbst die wenigen Basaltplatten, die bezahlt werden könnten, wurden 2010 nicht installiert. Das verantwortliche Bauunternehmen hatte schlicht vergessen, die Natursteine rechtzeitig zu bestellen. So schaffte es bislang (Ende 2011) nur eine einzige Platte in die Heldengedenkhalle. Die restlichen 24 fehlen, ebenso wie die erhofften Sponsoren und die noch aufzubringenden 1,3 Mio Euro. Bleibt der *Platz des europäischen Versprechens (PEV)* also ein *Platz der leeren Versprechungen (PLV)* wie so vieles in Bochum? Immerhin: Die Platten fehlen zwar, aber der neue Kirchplatz ist ansonsten fertig. Mit Platzhaltern für die Namensplatten. Wirkt wie ein Museum, in dem nur Rahmen hängen ...

Haldenlandschaft Hoheward, Zugang u.a. über Ewaldstraße, Herten-Süd, Cranger Straße, Recklinghausen-Hochlarmark

Horizont-Observatorium

Mal was Neues: Pfusch auf Halde

Dieser Flop ist nicht zu vertuschen. Den Autofahrern auf den benachbarten Autobahnen signalisieren die beiden Stahlrohr-Bögen schon von weitem: Hier ist das Ruhrgebiet. Hier ist nichts unmöglich. Nicht einmal ein Bauzaun in 150 Metern Höhe. Der riegelt nämlich das Gelände rund um die kühn gen Himmel geschwungenen Bögen ab. Einsturzgefahr!

Pfusch bei der Planung? Pfusch bei der Bauausführung? Oder Pfusch beim Material? Darüber streiten sich die Gelehrten, in diesem Falle die gegeneinander prozessierenden Parteien. Und bis der Streit geklärt ist, passiert erst mal: nichts.

Im November 2008 wurde die Einweihung des Horizont-Observatoriums mit einem bunten Spektakel oben auf der Halde gefeiert. Hier sollte man jetzt, auf einer Beobachtungsfläche unterhalb der Bögen, astronomischen Zusammenhängen nachspüren können. Im Januar 2009 entdeckte dann ein Spaziergänger Risse in einem der beiden Bögen. Seitdem sichern zwei Stützen den Bogen des Himmelsäquators sowie ein Zaun rundum das gesamte einsturzgefährdete Objekt.

Wann man die Observatoriumsfläche wieder betreten kann, steht in den Sternen. Wahrscheinlich erst dann, wenn der Rechtsstreit endgültig entschieden ist und der Schuldige für den Pfusch ermittelt wurde.

HDO, Vestische Straße 46, Oberhausen-Osterfeld

HD Oberhausen

Hollywood im Ruhrgebiet?

Das weitgehend leer stehende Gebäude des Zukunftsprojektes *HDO* würde auch gut in das Kapitel der Geisterorte und Geisterhäuser passen. Gegründet wurde das Technologiezentrum *High Definition Oberhausen* ausnahmsweise mal nicht von der Projekt Ruhr GmbH, die so manche Subventionsgräber des Ruhrgebiets zu verantworten hatte. Die gab es nämlich 1991 noch nicht, als ein ungewöhnliches Konsortium aus *PDS*-Genossen (u.a. Lothar Bisky) und dem *Philips*-Konzern mit massiven Fördermitteln des Landes HDO als angebliches High-Tech-Studio für digitale Filmbearbeitung und Trickfilmstudio gründete.

Trotzdem hatte auch beim Millionengrab HDO ein gewisser *Wolfgang Clement* die Hände im Spiel. Zwar noch nicht als Ministerpräsident, aber immerhin als Leiter der Staatskanzlei NRW. Und so flossen Millionen in das Projekt, genauer gesagt 68 Millionen Euro, von denen wir, die Gemeinschaft der Steuerzahler, ca. 51 Millionen berappten.

Als Mitte der 1990er bekannt wurde, dass HDO offenbar über eine Beteiligungsgesellschaft auch mit Geld aus SED/PDS-Vermögen finanziert war, wurde das Projekt, das gerade mal 25 Arbeitsplätze bot, nicht etwa eingestellt. Nein, Clement, auf dem Sprung in den Ministerpräsidentensessel, lief zu Hochform auf. Neue Investoren wurden herangeschleppt, mit denen der SED-Ballast über Bord geworfen werden sollte. Um eine Pleite abzuwenden, wurden Kredite und Bürgschaften zugesagt und aufgestockt.

Als die Vorgänge immer undurchsichtiger und anrüchiger wurden, ließ Clement, inzwischen Ministerpräsident, alles an sich abperlen. Inklusive Untersuchungsausschuss. Staatsanwaltschaft und Fahnder schalteten sich ein – der Verbleib von mehr 13 Millionen Euro war ungeklärt: Verdacht auf Subventionsbetrug.

HDO wurde derweil an ein amerikanisch-israelisches Konsortium verkauft – unter großzügiger Gewährung von Sicherheiten und Fördermitteln des Landes. Nach Oberhausen kam von dem Geld allerdings wenig. Nach nicht einmal drei Jahren stand HDO wieder vor der Pleite. Der mögliche öffentliche Skandal um das Trickfilmzentrum drohte im Wahljahr 2000 die Wiederwahl von Clement zu gefährden. Zwei Bauunternehmer aus Köln sprangen in die Bresche und stützten die Subventionsruine in Oberhausen zunächst mit einem Kredit, um sie dann 2001 zu erwerben. Und Clement ging kurz darauf als „Superminister" nach Berlin. Vorbei war's mit Fördergeldern und Kungeleien. Und da HDO bislang nichts, aber auch gar nichts produziert hatte, ließ die endgültige Pleite nicht lange auf sich warten. 2008 verklagten die Kölner das Land NRW auf 13 Millionen Euro Schadensersatz.

Das Gebäude steht immer noch. Und wechselt in schöner Regelmäßigkeit den Besitzer. Mehr aber auch nicht. Aktuell soll es 4,9 Mio Euro kosten. Geld wurde mit High Definition Oberhausen aber nie verdient. Und wird es wohl auch in Zukunft nicht. Lediglich ein Café im vorderen Bereich bewahrt das Gebäude vor dem endgültigen Schicksal als Geisterhaus. Nachtrag 2012: Der Sender *RTL* hat im HDO eine Sendung produziert. Gibt es etwa noch Hoffnung?

Schnellbahn 1923 & Metrorapid 2003

Zwei Flops auf der selben Strecke

Man kann manch kühne Planung auch zweimal in den gleichen Sand setzen. Es müssen nur ein paar Jahre dazwischen liegen. In diesem Falle sind es 80. Der erste Teil beginnt in den 1920er Jahren. Die Städte der Rheinschiene und der *Siedlungsverband Ruhrkohlenbezirk* (der Vor-Vorgänger des heutigen *RVR*) schmiedeten 1923 handfeste Pläne zum Bau einer

Transrapid-Schaustück im Metro-Rapid-Design vor der Messe Essen

Schnellbahn von Köln nach Dortmund. An den Planungen wurde die *Reichsbahn* (Vor-Vorläufer der heutigen *Bahn AG*) nicht beteiligt. Wieso sollte man mit denen denn kooperieren? Wir hier im Revier können doch alles alleine machen. Vier Jahre später wurde das bereits komplett durchgerechnete und durchgeplante Projekt gestoppt. Von höchster Stelle. Nichts war es mehr mit den 77 Minuten von Dortmund nach Köln. Die Reichsbahn (ätsch!) und die Binnenschiffer hatten in Berlin gute Lobbyarbeit geleistet. Die Schnellbahn verschwand in der Versenkung. Aber um die enttäuschten Menschen an Rhein und Ruhr ein wenig aufzumuntern, versprach man ihnen, die vorhandenen Strecken der Reichsbahn auszubauen und einen Schnellbahnverkehr einzurichten.

Heute gibt es den versprochenen Schnellbahnverkehr längst. Er nennt sich *S-Bahn* und braucht für die Strecke Dortmund-Köln derzeit ca. 150 Minuten. Der *Regionalexpress* schafft es in 89 Minuten. Nur *EC* und *ICE* unterbieten den uralten Geschwindigkeitstraum mit 73 bzw. 69 Minuten. Das allerdings nicht, weil die Züge so schnell fahren. Sondern nur, weil sie weniger Zwischenstopps einlegen.

Der zweite Teil dieses Irrtums wurde im Jahr 2001 vom Stapel gelassen. Und kostete 54 Mio Euro. Verbrannt für nix. Für Nüsse. 54 Millionen Euro verschlangen alleine die Planungen und die gewaltige PR-Kampagne für den Metrorapid von Dortmund nach Düsseldorf. Wieder wurde die Bahn nicht an den Planungen beteiligt. Schließlich sollte der Metrorapid nicht auf Schienen fahren, sondern mittels Magnetfeldern über eine eigene Trasse schweben. Fahrzeit: 34 Minuten von DO nach D. Die Akteure waren nun aber andere: Vor allem die rot-grünen Koalitionen in Land und Bund setzten sich vehement für die Verpulverung der Planungsmillionen ein, die gestern wie vorgestern natürlich wir, die Steuerzahler, zu beschaffen hatten.

Komplett begraben wurde der Metrorapid dann von Ministerpräsident Peer Steinbrück, der in Mathe offenbar besser aufgepasst hatte als sein Vorgänger Wolfgang Clement. Schade, dass unsere Generation nicht mehr erlebt, was die Planer im Jahr 2083 aus dem Hut zaubern werden ...

THTR Hamm-Uentrop

Der Hochtemperatur-Reaktor war nach fünf Jahren am Ende

Vor 50 Jahren war die Zukunft Deutschlands noch nuklear. Ohne Wenn und Aber. Kernkraftwerke wurden im Dutzend gebaut, warum also nicht auch im Ruhrgebiet? Ganz im Osten, in Hamm-Uentrop, wurde ab 1970 am *THTR-300* gebaut, der neben 300 Megawatt Strom auch noch neue Technologien liefern sollte.

Bereits während der Bauzeit des Hochtemperaturreaktors gab es eine Fülle technischer Probleme, die für massive Verzögerungen sorgten und die Kosten von geplanten 350 Millionen Euro auf über 2 Milliarden Euro trieben. Im Jahr 1983 wurde das Kernkraftwerk eingeweiht und in Betrieb genommen. Wenn man angesichts der vielen technischen Störungen überhaupt von Betrieb sprechen kann.

1986 sorgte dann das Problemkind an der Lippe für traurige bundesweite Schlagzeilen. Bei einem Störfall wurden erhebliche Mengen an Radioaktivität freigesetzt, nur eine Woche nach der Reaktorkatastrophe von Tschernobyl. Nach monatelangem Stillstand ging der THTR wieder in Betrieb, obwohl sich abzeichnete, dass die Betreibergesellschaft kurz vor der Pleite stand. Der Bund, das Land und die Energiewirtschaft sollten mit viel frischem Geld helfen. Land und Wirtschaft winkten ab, und ein erneuter Störfall im August 1989 war dann Anlass genug, die Anlage endgültig stillzulegen.

In den vier Jahren seines Betriebs hat das „Hightech-Wunder" Energie produziert, die zwar nur 430 Volllast-Tagen entspricht, dafür aber ein Vermögen kostet. Und zwar den Steuerzahler. Jedes Jahr müssen für den Einschluss des strahlenden Mülls 6,5 Millionen Euro aufgebracht werden. Bis zum Jahr 2027 werden sich die Gesamtkosten für Rückbau, Entsorgung und Aufbewahrung

Das Kraftwerk Westfalen (Bildmitte) mit dem Kernkraftwerk THTR-300 (unten rechts), Siegenbeckstraße 10, Hamm-Uentrop

auf mehr als 400 Millionen Euro summiert haben. Hilfen durch die EU? Ja, aber nicht für uns, sondern nur für den Ex-Betreiber des Ex-Reaktors: Steuervergünstigungen als Stilllegungsprämie.

Ruhr-hoch-n

Tolle Ideen aus Düsseldorf

Von seinem eigenen Kampagnen-Entwurf war *Frank Dopheide*, Chef der Düsseldorfer Agentur *Grey*, offenbar so angetan, dass er (unter anderen Namen allerdings) mehrere Mails an sich selbst schrieb/schreiben ließ, mit denen er seine Begeisterung kundtat. Im Ruhrgebiet sorgte der Slogan für Kopfschütteln oder Gelächter. Die Gaga-Kampagne wurde vom *Initiativkreis Ruhr* 2007 in Auftrag gegeben und 2008 beerdigt. Trotz der vielen zustimmenden Mails. Das Vergnügen soll die Initiatoren angeblich eine Million Euro gekostet haben.

Ruhr n
TeamworkCapital

Dummes Zeug!

Sprache ändert sich. Und das ist oft auch gut so. Schließlich ändert sich auch unser Leben, unsere Bedürfnisse und unsere Wahrnehmung. Warum nicht auch unsere Begrifflichkeit. Sprach's, und *„spielte Championsleague"* oder *„hatte Vertrag"*. Was natürlich nicht modern, zeitgemäß, gar besser war, sondern einfach nur *panne*.

Emscherschnellweg A 42, nahe Abfahrt Castrop-Rauxel (B 235)

Über die Notwendigkeit von Begriffen wie *„Event"* oder *„Windpark"* kann man ordentlich streiten, *„Parkdeck"* oder *„Bürgerbüro"* lasse ich persönlich als *„gebongt"* durchgehen. Es gibt allerdings einiges in unserer Nachbarschaft, das ich nicht durchgehen lasse. Wofür es auch schon wieder dumme Namen gibt: *„No-Go"*. Oder: *„Das geht gar nicht"*.

Parkautobahn A 42

Ganz großes Kino auf dem Emscherschnellweg

Meine Güte! Welche Kreativagentur hat die denn beraten? Wer parkt schon gerne auf einer Autobahn? Und Parks, die von Autobahnen durchschnitten werden, mögen auch die wenigsten. Geht's noch schlimmer? Ja. Denn zur *Parkautobahn* haben die Kreativlinge auch *Ohrenparks* und *Parktankstellen* erfunden. Aua, aua!

Hinter dem ganzen Geschwurbel verbergen sich 58 Kilometer Autobahn, die wir meist *A 42* nennen, gelegentlich auch mal *Emscherschnellweg*. Und was könnte man auf ihm fahrend oder stauend nicht alles sehen, wenn dieses blöde Straßenbegleitgrün nicht wäre, das überall die Sicht verstellt. Und überhaupt, so die Planer des ehrgeizigen Projektes, werde der Nutzen von Straßenbegleitgrün (Lärmdämmung, Luftreinigung) sowieso völlig überschätzt. Unsere Nachbarn in Belgien und Frankreich wären da viel weiter: Nichts verstellt den weiten Blick auf die freien Landschaften. Sowas wolle man auch im Ruhrgebiet. Mit dem klitzekleinen Unterschied, dass hier im Gegensatz zu den französischen und belgischen Kulturlandschaften sehr viele Menschen in unmittelbarer Nähe wohnen, die ihrerseits die A 42 weder sehen noch hören noch riechen wollen.

Egal. Weg mit dem Straßenbegleitgrün und freie Sicht aufs Ruhrgebiet. Womit der erste Teil der Parkautobahn bereits erledigt ist. Fehlen noch die Ohrenparks. Hinter dieser genialen Wortschöpfung verbergen sich die Autobahnkreuze, die ja aus der Luft wie riesige Ohren aussehen. Muss man erst mal drauf kommen. Bislang ist nur ein Ohrenpark realisiert worden, das Kreuz Castrop-Rauxel-Ost. Hier wurde alles abgeholzt, was die Sicht versperrte. Ein paar neue Bäume (Urweltmammutbäume!) nebst Ziersträuchern wurden gepflanzt. Fast wie in einem heimeligen Park. Den man aber nicht betreten darf. Denn es gilt: Nur gucken, nicht anfassen!

Damit die Autofahrer wissen, dass ihnen etwas ganz Besonderes widerfährt, wurden inmitten des Ohrenparks jede Menge rote Stelen aufgestellt. Und rote Stelen gibt es (als Erkennungszeichen) auch an den *Parktankstellen*. Hinter diesem Begriff verbergen sich: Parkplätze. Wo man anhalten kann, um mehr über das Ruhrgebiet zu erfahren. Hier soll schließlich keiner achtlos dran vorbei pendeln. Die Auffahrten Bottrop-Süd und Gelsenkirchen-Schalke wur-

Ohrenpark (ehemaliges Autobahnkreuz A 42 und A 45), rechts oben im Bild: Parktankstelle (nahe Langenacker, Dortmund-Oestrich)

den zudem noch in *Parktore* umgewandelt. Hier kann man das Auto stehen lassen, sich ein Mietfahrrad schnappen und das Revier erkunden. Und überall: rote Stelen als Erkennungszeichen.

Eigentlich hätte die Parkautobahn nebst Ohren, Tank und Toren zur Kulturhauptstadt fertig sein sollen. Wurde sie aber nicht. Und auch heute (2012) sind es nur Fragmente. Wie viel Geld das noch nicht einmal halbfertige Projekt gekostet hat, lässt sich kaum ermitteln, weil etliche Haushalte und Töpfe dafür ausgekratzt wurden. Alleine für die Machbarkeitsstudie waren 40.000 Euro fällig ...

Übrigens und ganz ohne Machbarkeitsstudie: Wie man innerhalb kürzester Zeit eine schön eingegrünte Autobahn nackig machen kann mit unverstelltem Blick auf die „Kulturlandschaften" rechts und links, zeigte die A 40 Anfang 2012. Da wurde beherzt abgeholzt, gerodet und weggeschnitten. Ganz ohne rote Pinne.

Gleispark Frintrop

Was der Straße recht ist, soll der Schiene billig sein

Genauso forsch getextet wie die *Parkautobahn* ist der *Gleispark*. Einen solchen gibt es ausgewiesenermaßen in Essen-Frintrop (tatsächlich aber fast in jeder Ruhrgebietsstadt mit Gleisanschluss). Denn dieser Gleispark ist nichts anderes als ein ehemaliger Güter- und Verschiebebahnhof, der vor einigen Jahrzehnten schon ausgemustert wurde. Also wuchs Gras drüber. Und weil der Boden durch die industrielle Beanspruchung ziemlich trocken und substanzarm wurde, wuchsen neben Gras auch noch die anspruchslosesten Gewächse darauf. Allen voran Pionierpflanzen wie Johanniskraut, Dürrwurz, Weißdorn oder die Birke. Diese traute Koexistenz von Industrieruinen und Hardcore-Gewächsen nennt der Fachmann übrigens Ruderalvegetation.

Da sollte man sich professionell drum kümmern, befand der Regionalverband Ruhr und kümmerte sich. Legte Wege an, rodete einige Flächen, dünnte das ganze Schienengewirr ordentlich aus, stellte noch das eine oder andere Kunstwerk rein. Und gab dem Ganzen einen dieser modischen Namen. Gar nicht wahr: Bis 2007 hieß das Areal nämlich noch *„Ruderal-Park"*. Dagegen klingt Gleispark ja gleich zwei Nummern erträglicher.

Gleispark Frintrop, erreichbar u.a. über Schienenspur, Oberhausen-Borbeck, Zugstraße, Essen-Frintrop

Cranger Tor

Einem geschenkten Tor guckt man nicht ins ****

Kann man sich eigentlich gegen Spenden wehren? Darf eine klamme Kommune *NEIN!* sagen, wenn ihr jemand etwas schenkt? Weil es hässlich ist, gruselig, peinlich – oder alles zusammen? In Herne, genauer gesagt in

Zu geringe Durchfahrtshöhe: Cranger Tor im Juli 2010, Ecke Dorstener Straße und An der Cranger Kirche, Herne-Crange

Wanne-Eickel, noch genauer gesagt an einem Zugang zur allsommerlichen Kirmes steht das Cranger Tor. Nein, es ist kein historisches Gebäude. Nein, es ist kein prächtiges Portal. Und nein, es ist auch kein wirkliches Stadttor. Das Cranger Tor ist eine (pardon) hässliche, weitgehend funktions- und schmucklose Eisenkonstruktion, die 1990 von den Schaustellern der Stadt, in der sie alljährlich gutes Geld verdienen, gespendet wurde.

Im August 2010 hatte ein Lkw-Fahrer Erbarmen und rammte das Tor derart heftig, dass es demontiert werden musste, um die Besucher der Kirmes nicht zu gefährden. Dummerweise wurde es nach der 2010er Kirmes aber wieder aufgestellt. Und darf wieder mit einer kleinen Tafel den Kirmesbesuchern verkünden, die wievielte Ausgabe des Cranger Volksfestes gerade ansteht. Im Jahr 2012 jährt sich die Kirmes nach Angabe des Tors zum 577. Mal. Und das ist wahrscheinlich gelogen. Denn es gibt keine gesicherte Information darüber, dass der *Pferdemarkt am Laurentiustag* erstmals im August 1435 stattfand.

Die Zeitrechnung wurde von den Nazis übernommen, die aus Propaganda-Gründen im Jahr 1935 einfach beschlossen, dass es sich dabei um die 500. Ausgabe der Cranger Kirmes handelte.

Aus der Ferne betrachtet: Haldenereignis Emscherblick,
Zugang u.a. über Beckstraße, Bottrop-Batenbrock

Haldenereignis Emscherblick

Wer guckt sich in Bottrop denn freiwillig die Emscher an?

Was ist *das* denn? Und vor allem wo? Die Antwort ist in Bottrop zu finden. An der Beckstraße. Dort wölbt sich unübersehbar eine Bergehalde aus Abraum der benachbarten Zeche *Prosper-Haniel*. Oben drauf steht seit 1994 eine knapp 60 Meter hohe begehbare Installation: der *Tetraeder*. Von seinen drei Aussichtsplattformen genießt man einen spektakulären Rundum-Blick über das Ruhrgebiet.

Halde und Tetraeder gehören längst zu den Wahrzeichen des Ruhrgebiets, als Landmark weithin sichtbar – allerdings mit einer blöden Adresse: *„Halde an der Beckstraße“*. Selbige galt es aufzupeppen. Also taufte man das ganze Arrangement in *„Haldenereignis Emscherblick“*. Der Volksmund ließ sich davon aber wenig beirren und nennt den Berg mit was drauf ganz pragmatisch *„Tetraeder-Halde“*.

Wie auch immer: Lohnendes Ziel. Unbedingt raufklettern! Oder sich mit einem Wasserstoffbus komfortabel rauffahren lassen.

Aus der Nähe besehen: Baugebiet Stadtkrone Ost (2006), nahe Freie-Vogel-Straße, Dortmund-Schüren

Stadtkrone Dortmund

Doppelt hält besser

Es sollte baulich schon etwas Feines sein, mit dem man einer Stadt die Krone aufsetzt. In *Hamburg* bezeichnet man die Türme der fünf Hauptkirchen als Stadtkrone. In *Graz* etwa wird das Ensemble aus Dom, Burg und Toren so genannt, in anderen Städten gibt es *Nobelhotels* mit diesem Namen.

Ganz anders in Dortmund. Da ist die Stadtkrone eine Anhäufung von wenig originellen und schon gar nicht sehenswerten Büro- und Gewerbeimmobilien zwischen B 1 und Westfalenpark. Warum ausgerechnet diese Gebäude aus den 1970er und 1980er Jahren als Krone der Stadt bezeichnet werden? Vielleicht, weil sie ein paar Stockwerke über ihre Umgebung hinausragen?

Mit einer Stadtkrone gibt sich Dortmund aber noch lange nicht zufrieden. Nachdem die britische Rheinarmee ihre Kasernen am Westfalendamm räumte, wird seit 1997 dortselbst die Stadtkrone Ost errichtet. Die alte Stadtkrone wird seitdem folgerichtig als Stadtkrone West bezeichnet. Womit Dortmund wohl weltweit die einzige Stadt sein dürfte, die nicht nur einen, sondern gleich zwei in der Krone hat.

Marler Stern

Leuchtet weder oben noch unten

Von oben, aus der Luft, sieht der *„Stern"* aus wie ein stumpfes Dreieck. Vom Boden aus fehlt dem Marler Dingsbums irgendwie alles, was einen Stern ausmacht. Da strahlt nichts, da leuchtet wenig und vom himmlischen Glanz kann man auch nicht reden. Gebaut wurde diese gewaltige Ansammlung von Beton (mit Doppel-Rathaus, Einkaufszentrum, Kultur- und Freizeiteinrichtungen sowie Wohnflächen, gestapelt auf bis zu 17 Stockwerken) in den 1960er und 1970er Jahren.

Der Stern wurde mitten in Marl mitten auf die grüne Wiese gesetzt. Ja, doch, in Marl ging das, schließlich hatte Marl nie ein gewachsenes Zentrum – es war ein Zusammenschluss mehrerer kleiner Ortschaften. Und diese Zweckgemeinschaft sollte eine neue Mitte bekommen, topchic und mit jeder Menge 1970er Jahre Hightech. Vom Chic ist nach all den Jahren wenig übrig geblieben. Und der einstige Hightech wurde zum großflächigen Sanierungsfall. Wo es nicht mehr anders ging, wurde gesprengt, abgerissen oder zurückgebaut. Doch bei allem, was um-, an- und neu gefummelt wurde: Ein Stern ist immer noch nicht daraus geworden.

Strahlt nicht: Zugang zum Einkaufszentrum Marler Stern im Marler Stern

A 40, Brücke Wickenburgstraße, Essen-Frohnhausen

Textbrücken über dem Ruhrschnellweg

Dumme Sprüche für Unterwegs

Die A 40 wurde ja nicht nur im August 2010 beim ganztägigen Still-Leben kreativ bespielt. Nein, die A 40 ist ein permanenter Schauplatz der länderübergreifenden Kommunikation, des kulturellen Austauschs und des kollektiven Erlebens. Im Stau. Beim Stop-and-Go. Und beim nächtlichen Brettern.

Da werden bunte Bar-Codes auf graue Lärmschutzwände gepinselt. Da gibt es bepflanzte Tröge und getönte Kacheln. Werbung und Logos, Bergbaureste und Glasfassaden, dunkle Fenster und strahlende Leuchtreklamen. Und da gibt es eine Fülle an ausgesprochen hässlichen Brücken. Die man jetzt für eine ganz besondere Form der Kultur entdeckt hat. Zitat-Kultur. Mit einem kurzen Text wird aus einer Scheißbrücke eine *Textbrücke*. Klassiker? Nö. Irgendwie nicht. *„Komm zur Ruhe"*, steht in Bochum. Soll das an *Herbert Grönemeyers* gescheiterten Hit-Versuch (2010) erinnern? Dann müsste es ja heißen *„Komm zur Ruhr"*. Also: *„Was soll das?"* (ebenfalls Herbert Grönemeyer, 1988, Top-Ten-Hit.) Die Auflösung gibt es nicht im Vorbeifahren, sondern nur, wenn man kräftige recherchiert: *„Komm zur Ruhe"* weist auf eine benachbarte Autobahnkirche hin.

Gucken wir mal auf der anderen Seite. In Moers zum Beispiel, wo eine Brücke verkündet: *„Ich bin das schwarze Schaf"*. Wer ist das schwarze Schaf? Die Brücke? Gibt schlimmere. Ach so:

Hanns Dieter Hüsch, bekanntester Sohn der Stadt, Kabarettist, Schriftsteller, Liedermacher. Der nannte mal eine seiner Schallplatten *„Das schwarze Schaf vom Niederrhein"*. Und so wird ihm ein Zitat untergejubelt, das er so gar nicht gesagt hat.

Drei Brücken in Essen. Eine Reportage, die dem ebenfalls ganz schön großen Sohn dieser Stadt huldigt. Was niemand erfährt: Worum geht's eigentlich? Wann? Wo? Wir wissen nur, dass ein gewisser Rahn beteiligt war. Und dass es wohl drei Treffer gab: Tor! Tor! Tor!

In der Tat stammt dieser Text aus einer *Radio-Reportage des Fußball-WM-Endspiels 1954*. Das aber wird auf den Brücken verschwiegen. Im Endspiel gegen die haushoch favorisierten Ungarn lag eine Sensation in der Luft, weil Deutschland bis kurz vor Schluss ein 2:2 hielt. *Herbert Zimmermann* wünschte sich die Erlösung herbei. *„Aus dem Hintergrund müsste Rahn schießen."* Der Essener tat ihm den Gefallen: *„Rahn schießt."* Und traf: *„Tooor! Tooor! Toooooooor!"* Und was steht auf den Brücken? Ach schauen Sie selbst ...

Dann ist da noch die kryptische Brückeninschrift: *„Ich komm' aus wir"*. Stammt das auch von einem Herbert? Von welchem? (*Knebel* scheidet aus, von dem stammt: *„Ich sach Sie"*). Wenn man es mal durchdekliniert: „Du kommst aus euch", „Er/sie kommt aus ihnen" – ergibt alles wenig bis gar keinen Sinn. Genauso wie die Statements in Moers und Unna: *„Ich bin eine aus wir"*. Was will uns *Straßen. NRW* damit sagen? Oder haben sich unsere Landes-Straßenbauer das alles gar nicht ausgedacht, sondern eine Kreativ-Agentur aus -hmm- Hamburg? Ach neee. Oder doch?

A 40, Hobeisenbrücke, Essen-Holsterhausen

1960: Radwege neben der B 1 (etwa Höhe Dückerweg), Bochum-Wattenscheid

Gab es doch schon mal ...

Radschnellweg quer durch das Ruhrgebiet

Kaum zu glauben: Die Verkehrsplaner entdecken das Fahrrad als Alternative zum privaten Autoverkehr. Und weil die Radfahrer inzwischen auch dank kleiner Elektromotörchen ganz schön fix geworden sind, denken die Planer schon wieder in den vertrauten Mustern: Ein Fahrrad-Schnellweg muss her. Am besten parallel zur A 40. Von Dortmund nach Duisburg. Für 100 Millionen Euro.

Abgesehen davon, dass dieser blinde Kapazitäts-Glaube definitiv von gestern ist (kleiner Tipp: Baut lieber ein dezentrales, gut miteinander verknüpftes Radwegenetz) – der Radschnellweg selbst ist ebenfalls uralt. Eure Opas hatten ihn geplant und gebaut, eure Väter haben ihn wieder abgerissen. Längs der heutigen A 40, die damals noch B 1 hieß, existierten von 1955 bis 1967 bereits Radwege zwischen Wattenscheid und Dortmund.

Weil man aber noch mehr Platz für den Autoverkehr schaffen wollte, wurden die Radler wieder ausgesperrt. Jetzt, 45 Jahre „klüger“ und befreit vom Ballast der Erinnerungen, erfindet man den alten Hut wieder neu. Und steckt erst mal einige Hunderttausend

Radweg neben A 40, Zugang über Berggate und Robertstraße, Bochum-Hamme

Euro in sogenannte „Machbarkeitsstudien“. Noch ein kleiner und absolut kostenloser Tipp: Holt doch einfach die alten Pläne eurer Opas wieder aus dem Archiv.

Für Entdecker: Einige hundert Meter dieses Radwegs sind heute noch zu sehen. Zwischen Bochum-Hamme und Bochum-Zentrum verläuft noch ein schmaler Weg neben der Fahrbahn Richtung Dortmund.

Wolfgang Berke & Jan Zweyer

Echt kriminell – Die spektakulären Fälle aus dem Ruhrgebiet
Paperback, 160 Seiten, 20 x 12,5 cm
ISBN: 978-3-8375-0705-8

Verbrechen lohnt sich doch. Zumindest für die Leser dieses Buches. ***BILD***

Eine spannende Geschichten-Sammlung über Fälle, die im wahrsten Sinne des Wortes Kriminalgeschichte schrieben. ***WAZ***

Wolfgang Berke

Grüne Route Ruhr
Der Fahrradführer Ruhrgebiet
Spiralbindung, 96 Seiten, 20,5 x 20,5 cm
ISBN: 978-3-89861-992-9

Wolfgang Berke nimmt den Leser mit auf eine unglaubliche Reise durch das Dickicht der Städte. ***ADAC***

Wolfgang Berke & Manfred Vollmer

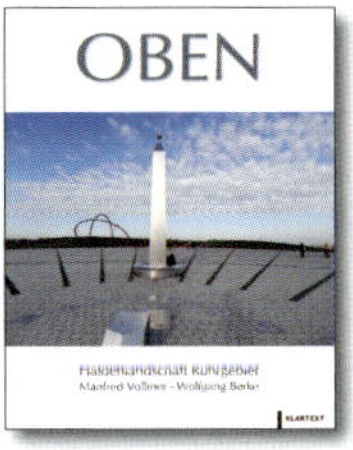

OBEN – Haldenlandschaft Ruhrgebiet
Hardcover, 128 Seiten, 28 x 22 cm
ISBN: 978-3-8375-0411-8

Das Buch ist ein echter Hit. Nicht nur für angehende Reviertouristen, sondern auch für eingefleischte Ruhrstädter ist dieses Buch ein Muss! ***revier-magazin.de***

Ruhrgebiet. In Echt.
Hardcover, 160 Seiten, 22 x 25 cm, deutsch/englisch
ISBN: 978-3-89861-991-2

Dieser Bildband ist eine Liebeserklärung an das Ruhrgebiet. ***ruhr-guide.de***

Die Autoren provozieren mit gängigen Vorurteilen, um im nächsten Bild mit ungewohnten Perspektiven zu überraschen. ***WAZ***

Des Rätsels Lösung von Seite 6:
Haldenkunst in Oberhausen. Eisenköpfe an der Knappenhalde. Wer sie finden möchte, muss gut hingucken. Das Ganze ist nicht mal einen halben Meter hoch.